COMO SER LIBRES DE
LA ESCLAVITUD DEL TRABAJO

LA ECUACIÓN DEL

FRA
CA
SO

I0491045

José R. Carmona

Jesus dijo: "Al que tiene se le dará más, y al que no tiene, aun lo poco que tiene le será quitado"

La Ecuación del Fracaso

José R. Carmona

Adaptación,Corrección y Diseño.

Editorial Negrita y Cursiva

Maracaibo, Venezuela 2020

Dedicatoria:

Escribir este libro fue unos de los desafíos más importantes que enfrente en mi llegada a los Estados Unidos, generar dinero de forma pasiva en un país como este, es verdaderamente un reto por tal motivo este libro yo lo dedico muy especialmente a Dios el creador del cielo y de la tierra y el dador de la sabiduría del hombre, sin él esto hubiera sido imposible.

Ecleiastes 2:26 dice: "Porque al hombre que es bueno delante de Dios, él le da sabiduria, ciencia y alegria..."

También dedico este libro a mi esposa Joicy Méndez, quien me ha acompañado en toda mi travesía y cada uno de mis proyectos, creyendo firmemente en todos mis talentos porque el éxito de todo hombre está ligado a la persona que tiene a su lado. Gracias mi amor, eres y serás una pieza importante en mi vida.

El Dr. Nabil Alsafadi, un empresario y médico Árabe-Venezolano, influenció mucho en mis convicciones y sembró una semilla en mi mente para poder salir con fuerzas en medio de cualquier adversidad.

Mi padre José Carmona, oficial retirado de la Guardia Nacional de Venezuela, aportó un impulso importante en toda mi formación el cual junto a mi madre Mireya de Carmona, me formaron con valores inmutables que perduraron en toda mi vida.

Simplemente gracias a todos aquellos que aportaron de alguna manera una formación en mi visión de vida.

Sobre el Autor

Jose Ramón Carmona, reside en Estados Unidos junto a su esposa y dos hijos, en el año 2016 decidió salir de Venezuela rumbo a unas vacaciones en Miami, sin tenerlo planeado tuvo que tomar la decisión de quedarse a vivir en Estados Unidos, debido a los acontecimientos históricos que vivió Venezuela en ese momento.

Con diversos estudios universitarios y un título en teología cristiana tuvo que trabajar como todo migrante para poder mantener a su familia en un país donde ni siquiera hablaba el idioma, al pasar los años Dios le reveló él plan que tenía para su vida, fue allí cuando comenzó a prepararse en el área financiera de la bolsa de valores con pequeñas inversiones que lo llevaron a invertir en otros proyectos los cuales le han llevado a el y su familia a lograr la libertad que todos desean y trazar el camino correcto para cumplir el sueño americano que persiguen todos los inmigrantes en Estados Unidos.

Introducción

Lodebar era una ciudad a 13 km del mar de Galilea, donde vivían personas sin esperanzas ni sueños de superación, es decir, era la ciudad donde habitaban los olvidados por todos, los que no tenían ningún propósito de vida y mucho menos proyectos, simplemente era el lugar del olvido.

Hace mucho tiempo existió una familia muy feliz constituida básicamente por 3 personas fundamentales en esta historia, el rey, su hijo y el nieto, que viene siendo el hijo del hijo del rey. Quiero que presten mucha atención a esta breve historia que sucedió en la vida real.

El rey era un hombre malvado y su nieto de apenas 5 años, era el futuro y único heredero al trono. Vivía muy tranquilo en el palacio rodeado de lujos y del amor de sus padres y todos a su alrededor.

Sin embargo, por una decisión equivocada de su abuelo, una oscura y fría noche de invierno el reinado fue invadido por soldados enemigos y se armó una turba. Entraron al palacio con orden de matar al rey, a los herederos del reinado y a todo aquel que se resistiera. Se dirigieron a la habitación del príncipe y a filo de espada lo asesinaron junto con su esposa. Una niñera que cuidaba al niño salió huyendo con él en brazos salvándolo de la terrible tragedia.

Cuenta la historia que mientras ella corría, tropezó y cayó

junto con el niño fracturándole las piernas y dejándolo inválido para siempre. Este niño creció y vivió en Lodebar, una tierra como mencionamos anteriormente, sin sueños ni esperanzas.

Tus decisiones en el presente afectarán a tus hijos, y en caso de que aún no los tengas, de igual modo cuando los tengas se verán afectados. Los niños no tienen culpa del pecado y la falta de sabiduría de los padres o abuelos, pero lamentablemente los alcanzarán, si quieres que tus hijos el día de hoy tengan un futuro más próspero, es el momento de que cambies y apliques en tú vida principios que te hagan tener una esperanza de crecimiento. Precisamente en este libro encontrarás varias técnicas que actualmente estoy utilizando para lograr mis objetivos de vida y de esta forma mi familia está segura en un mundo que cada vez se parece más a una selva.

La historia anterior no termina allí. Se desarrolló en el reinado de Saul (abuelo del niño) y David, el nuevo rey quien heredó el trono de Saul. Debido a la mala administración del rey Dios le quitó el reinado y se lo entregó a David, quien tenía una amistad con Jonatan, el papá del niño que quedó vivo y viviendo en Lodebar lisiado de ambas piernas.

Una noche David no podía dormir y mandó a llamar a uno de sus siervos y le preguntó si había alguien en el palacio de su abuelo que aún siguiera con vida para honrarlo en memoria de la amistad que tenía con Jonatan y el siervo llamado SIBA, respondió: **"SI SEÑOR, QUEDA UNO, HABITA EN LODEBAR, TIERRA DE TRISTEZA Y DOLOR"** El rey preguntó **¿Cómo se llama?** Siba respondió: **MEFIBOSET** a lo que DAVID dijo: **"Mándalo a llamar"**

Cuando Mefiboset estuvo frente al rey, este le dijo: "Todo lo que era tuyo, te lo devolveré, voy a restituir lo que la vida te robó, y a partir de hoy vivirás en este palacio,y comerás cada día en mi mesa"

Existen dos formas de salir de la pobreza, la primera es esperar que un milagro te suceda como fue el caso de la historia anterior, ¿Puede pasar? La respuesta es sí, ¿Cómo puede pasar? Quizás te ganes la lotería, saques una canción y sea viral, de la noche a la mañana seas un influencer en las redes sociales, te cases con alguien millonario. La realidad nos enseña que pocas veces pasan estas eventualidades que te hacen brincar esa línea de la pobreza con la riqueza, y cuando alguien salta esa línea de la noche a la mañana, se hace rico y con fama, normalmente siempre caen en un estado peor que el anterior, la razón es porque simplemente fue suerte, no se preparó para recibir tanto dinero o fama. Lo vemos en muchas historias de personas que fueron millonarias por algún golpe de suerte y hoy en día están más arruinadas que antes, y todo se resume en cómo salir y brincar esa línea.

Yo apuesto por prepararnos cada día, educarnos, capacitarnos e instruirnos, cuando se presente la oportunidad y la veas pasar tu estarás preparado para saltar con todas las de ganar esa línea, y jamás volverás atrás porque ya tu mente esta entrenada a ser una mente positiva, ganadora y triunfadora, de lograr el éxito; estoy completamente seguro que así será. Por ejemplo si le quitáramos toda la riqueza a Lorenzo Mendoza, CEO de Empresas Polar, y se la diéramos a una persona pobre, y dejáramos a Lorenzo solo con 1,000 dólares, yo apostaría que al cabo de diez años, Lorenzo será más rico que al que se le dio toda su fortuna, la razón principal es porque ya Lorenzo tiene en su mente el poder más grande que cualquiera desearía tener, poder para hacer riquezas.

CONTENIDO

Prólogo

La Ecuación del Fracaso, es la suma de varios factores existenciales que puede llevar a muchas personas a vivir vidas infelices, si prestamos atención al balance de esta ecuación puedes ver si te sientes identificado en algún aspecto;

__Fracaso = Trabajar 8 horas diarias + No vivir la vida que sueñas + Tu trabajo enriquece a otra persona + No tienes tiempo para tu Familia.__

Si alguna de estas variables está presente en tu vida, entonces estás en un problema grave, y ese problema se traduce en falta de felicidad, lo cual frustra las posibilidades de los individuos para acometer con éxito diversas tareas u obtener beneficios de situaciones objetivamente favorables. En este libro descifraremos cómo salir de todas estas variables que nos esclavizan, aunque muchos piensan que la esclavitud se abolió, pero no es así, sólo se legalizó en 8 horas diarias de trabajo.

Piénsalo bien, si el día tiene 24 horas tú tienes que trabajar en el mejor de los casos 8 horas, debes dormir 8 horas, y ya serían 16 horas, te quedarían 8 horas más, las cuales en muchos casos las pasarás en el tráfico, en tu teléfono, en la televisión, etc... Quiero que despiertes y te hagas esta pregunta: ¿Podemos tener más tiempo de calidad de vida? La respuesta es sí, sólo debemos conocer las herramientas correctas para lograr la libertad. Teniendo en cuenta que merecemos tener bienestar en todas las áreas del ser humano, respondiendo a la satisfacción de las necesidades físicas (de salud, seguridad), materiales (de vivienda, ingresos, transporte, pertenencias, comida), sociales (de trabajo, familia, relaciones personales, comunidad... Entiendo que existen personas que no están preparadas para ser libres del trabajo y se sienten más seguras en su zona de confort, en mi caso, prefiero tomar riesgos y atreverme hacer algo totalmente diferente.

Generar ingresos pasivos fue un reto a mi llegada a los Estados Unidos, de hecho, cuando llegué a este país, uno de los problemas que presenté era que no sabía hablar inglés, no tenía permiso para trabajar y por consiguiente, no tenía un Social Security. Cuando logré tener un permiso de trabajo y dominar más o menos el idioma, se me presentaron otras dificultades:

1. No tenía licencia para trabajar en mi profesión.

2. Debía tener una compañía registrada.

3. Los Seguros o Liability.

Cuando superé todas estas barreras, y observé que el salario que me pagarían serían 15 dólares por hora, en el mejor de los casos, estar esclavizado al tráfico y tener encima a una persona vigilando mi trabajo, vi que esto no justificaba todo el camino que pasé para llegar ahí. En ese momento, desperté y empecé a trabajar por mis propios sueños y construir mis propias herramientas de ingresos.

Empecé a estudiar modelos de ingresos y a educarme sobre el tema. En mi investigación descubrí que sumando todos los modelos estudiados, podemos desarrollar un ingreso pasivo que nos permita más tiempo de calidad, esta investigación duró alrededor de 3 años para descubrir cada modelo, aplicarlo y tener resultados. En este libro aprenderás sobre esos modelos y los pasos a seguir para generar dinero sin presencia física, sin actuación directa en algún lugar, trabajando con la habilidad de tu mente.

Tipos de modelos:

1. Ingresos en la Bolsa de Valores.

2. Ingresos por Google Adsense.

3. Ingresos por el mercado de afilados de Amazon y WalMart.

4. Ingresos por Generar Contenido en Redes Sociales.

5. Ingresos por la Creación de un producto Digital que se vende en todos los países.

Esta es la nueva forma de generar dinero, la tecnología va en un camino que está obligando a todos a migrar al internet, de hecho, sólo los negocios donde sus plataformas estaban en Internet, fueron los que sobrevivieron a la recesión del Covid-19.

Tener la sabiduría de identificar de forma correcta dónde invertir tu dinero es mi objetivo con este libro, quiero abrir tu mente para que tengas ideas nuevas y veas un sin fin de oportunidades que te estás perdiendo sólo por un trabajo de 8:00 am a 4:00 pm.

El antiguo testamento habla del primer inversionista exitoso:

En la historia bíblica de José, podemos ver principios fundamentales de inversión, José fue preparado con sabiduría de Dios para los negocios, en sus sueños, Dios le aseguró que tendría una posición de liderazgo sobre sus hermanos. Aun así, también es una historia de esperanza de que por la gracia de Dios, José fue descrito por el Faraón como **"prudente y sabio" (Gn 41:39).** No lo veas como el chico pobre fue vendido por sus hermanos, José pasó por varios fracasos de los cuales aprendió y adquirió la sabiduría para las **inversiones en Egipto.** Cuando llega a Egipto, Dios lo terminó de preparar en una visión grande, la biblia dice que donde José metía sus manos el lugar prosperaba de una manera increíble.

En el famoso sueño del Faraón, llamaron a José, y él pudo descifrar la gran catástrofe financiera que le venía al mundo entero y tuvo el ojo clínico para invertir el dinero en el sitio correcto para sacar provecho de ello.

"Las catástrofes financieras son predecibles en la economía, solo es necesario ver los que otros no pueden ver". JRC

Vacas Gordas y Vacas Flacas:

Durante 7 años, José administró con sabiduría el dinero de Egipto invirtiéndolo en la abundancia necesaria y vendiendo mercancía que nadie tenía para poder soportar la escasez. Durante este período **Egipto se hizo más poderoso, los sabios invierten su dinero de forma correcta y crecen en tiempos de crisis.**

"Invierte en la abundancia y hazte poderoso en la escasez". JRC

Invertir con sabiduría.

La abundancia no dura para siempre, todo en esta vida es temporal, debes ser inteligente e invertir correctamente para que te hagas más poderoso cuando todos estén en escasez.

Hoy en día, las catástrofes financieras no se predicen con visiones angelicales o sueños como en los tiempos de José. Hoy existen índices financieros como el **SP500**, **Dow** y el **Nasdaq**, que son referencias del comportamiento económico y saber leer sus gráficas determinará lo exitoso o no de tu economía. Aquí te mostraré cómo predije en una entrevista a la cual fui invitado en una radio de Miami Florida en el mes de octubre del 2019, la recesión del Covid-19. Yo no sabía que venía una pandemia de esta magnitud, pero sí sabía que el mercado y sus índices financieros estaban en un punto peligroso donde se esperaba una gran corrección de todos estos índices financieros, de eso se trata este libro.

Muchas personas piensan que lo ricos están contados, y que no vale la pena intentar traspasar esa línea que divide a los ricos de los pobres, yo digo que si tienes determinación y disciplina lo puedes hacer. De hecho, lo único que no podemos cambiar es la muerte, cuando alguien está determinado a la muerte ya eso no cambiará, no importando lo que tu hagas.

Hay una anécdota de Peter Marshall, donde él cuenta que había un comerciante rico en Baghdad que tenía un sirviente, el sirviente vino a él y le dijo un día, "Amo, necesito ayuda" el comerciante le contestó a su criado "Y...qué clase de ayuda necesitas?" el criado dijo: "Estaba hoy en el mercado y una figura siniestra me empujó, y me volví y lo miré a la cara y era la muerte, la muerte me miró fijamente a la cara, amo, por favor me da un caballo, necesito huir a Samaria. El comerciante rico de Baghdad le dijo: "Esta bien, toma mi mejor caballo y vete". Entonces el comerciante mismo bajó al mercado y vió una figura encapotada y le tocó al hombro, la figura se dio vuelta y el comerciante le dijo: "¿Tu eres la Muerte?" y la Muerte contesto: "Si yo soy la Muerte" el comerciante dijo: "Muerte, quiero hacerte una pregunta, ¿Por qué asustaste a mi sirviente hoy?" y la muerte le respondió: "Los siento, no quise asustarlo, solo que me sorprendió verlo hoy aquí, porque tengo una cita con el mañana en Samaria.

Como podemos ver, la muerte llegará y no hay nadie que pueda cambiarlo, sin embargo, si podemos cambiar nuestra forma de permanecer vivos, quiénes somos, qué hacemos, cómo lo hacemos, todo tenemos en algún momento la oportunidad de cambiar nuestro destino.

Hay personas que cambian su destino por suerte, ganando la lotería, o grabando una canción, ese tipo de persona cruzara la barrera del rico y el pobre de forma rápida, sin embargo muchos de ellos llegan a perderlo todo, y la gran razón es porque jamás se prepararon para estar del otro lado de la línea.

Hay otro tipo de personas, que trabajan y se forman a diario para pasar esa línea o cima que divide la escasez de la abundancia, esas personas golpean y son golpeadas, hasta que llega el día y se les presenta una oportunidad y por su preparación ya pasan la línea y jamás regresan de vuelta. Es mucho mejor pasar a las comodidades con preparación que pasar con solo un golpe de suerte.

Deuteronomio 8:18

Sino acuérdate de Jehová tu Dios, porque él te da las habilidades para hacer las riquezas, a fin de confirmar su pacto que juró a tus padres, como en este día.

¿Eres Feliz?

Vivir en fracaso es definitivamente no ser feliz, si quieres saber cuánto fracaso hay en tu vida, pregúntate primero si eres feliz.

1/3

Capítulo I

¿Eres feliz?

"La mente que se abre a una nueva idea, jamás volverá a su tamaño original"- Albert Einstein

Vivir en fracaso es definitivamente no ser feliz, si quieres saber cuánto fracaso hay en tu vida, pregúntate primero si eres feliz. Existen situaciones en la vida que por alguna razón nos entristecen, pero no estoy hablando de situaciones momentáneas, sino de una amargura interna y externa en tu vida, sabiendo que la amargura es el resultado de un resentimiento y la felicidad es un estado emocional que debe existir en nuestras vidas, y sin felicidad no se pueden lograr muchas cosas, por ejemplo, si no eres feliz no podrás transmitir amor a tu pareja, hijos, familia, así no podrás llegar a cosechar logros financieros.

Pregúntate a ti mismo: ¿Soy feliz con mi esposa o esposo? ¿Soy feliz con los hijos que he educado? ¿Soy feliz con mi trabajo? Cuando miro mis estados financieros ¿Soy feliz? Todos de una u otra forma seguimos a algún ser espiritual, pregúntate si eso te hace feliz, si te llena por completo, si es lo que quieres y lo que deseas.

Si habláramos de felicidad, ¿Cómo pudiéramos definirla? Yo

la resumiría en LIBERTAD, la libertad te da felicidad, sino pregúntale a una persona que esté en la cárcel qué es lo que más anhela en su vida para ser feliz, estoy seguro que te responderá LIBERTAD. Igualmente la felicidad es una emoción que se produce en un ser vivo cuando cree haber alcanzado una meta deseada.

LA LIBERTAD, es lo que todos pretendemos alcanzar, queremos ser libres, ser dueños de nuestro tiempo, levantarnos cada día y respirar aire fresco, tomar un café y simplemente tener la sensación de que todo está bajo control, vivir la vida que sueñas, tener el carro y la casa que tú quieres y no la que te impone tener tus finanzas, tener a tu lado a la mujer o hombre que tú deseas, decidir salir un martes o miércoles a cualquier hora del día a la playa, o planificar unas vacaciones en cualquier día del calendario sin pedir permiso, sin tener que reportarle tu presencia a alguna persona o empresa y lo más importante sin pensar en la cuenta. La felicidad se convierte en el destino final por excelencia.

En resumen, si no vives la vida que sueñas, no tienes tiempo para tu familia y tu trabajo enriquece a otra persona, lamento decirte que estás en la _**ECUACIÓN DEL FRACASO.**_ Mi objetivo es que tengas las herramientas correctas que te lleven a descubrir cómo salir de esta ecuación, y seas tan feliz como puedas.

Crear una felicidad constante es algo que necesita de disciplina, primero debemos saber que, si somos personas desorganizadas económicamente, aunque recibamos mucho dinero, este saldrá de tu bolsillo por tu desorden económico. La disciplina es lo que a hombres pequeños los ha convertido en grandes líderes, por ejemplo: Michael Jordan, en su juventud nadie lo aceptaba para jugar básquetbol en las escuelas porque no tenía el perfil correcto. Primero era el más bajo entre todos sus compañeros, y aparte no era muy bueno en el juego. Pero la historia dice que Michael, mientras sus amigos estaban de fiesta, él estaba practicando su tiro libre en una cancha de básquetbol pública cada día y cada noche entrenando disciplinadamente para ser mejor, y básicamente lo demás ya lo sabemos, fue el mejor del mundo y todo lo logró con la disciplina.

¿Cómo logramos salir del fracaso, en un mundo donde el sistema está diseñado para enriquecer al que tiene riquezas? Donde cada día debes levantarte a las 6:00 am para trabajar 8 horas diarias deseando que llegue el viernes para cobrar el dinero que seguro ya debes, donde no tienes tiempo para compartir con tus seres queridos y donde no vives la vida que sueñas. La respuesta es fácil, acumular riquezas y estar del lado de los ricos, tener sus hábitos, pensar como ellos, debemos ser creadores de capital y lograr que tu dinero trabaje sin la necesidad obligatoria de tu presencia física, y para esto, existen muchas formas de lograrlo. Debes concentrar tu energía en el hecho de que nadie llega al éxito sin un par de fracasos por detrás. "A nadie le gusta el fracaso, pero es el compañero de viaje de todo exitoso".

Te presentaré varias opciones que hoy en día tenemos para lograr ingresos de forma pasiva para que sean más grandes que tu salario y algún día puedas tomar la decisión de dejar tu trabajo. Luego de esto, llega el tiempo de seguir al siguiente nivel en búsqueda de tu felicidad.

<u>Mientras unos lloran, otros venden pañuelos:</u>

Este dicho popular es muy cierto, vemos el ejemplo en las crisis... El pobre se hace más pobre, y el rico cada vez se hace más rico y la razón principal es una preparación. Normalmente a la persona de escasos recursos no le gusta invertir ni dinero ni tiempo en educarse financieramente, lo único que persigue siempre es trabajar para vivir y este es el error de la mayoría de las personas. Dormir con miedo porque no sabes si tendrás el dinero de tu renta o cuota de la casa esto te bloquea para ser creativo, el miedo te paraliza **¿Quieres crear felicidad constante?** Invierte en tu mente, edúcate, conoce los sistemas financieros y las leyes de tu país, conoce el sistema bancario, haz cursos referentes al tema. El ser feliz no es un estado de ánimo, es una actitud constante... A veces se confunde la felicidad con el bienestar. Por eso muchas personas tienden a equivocar el sentido de los bienes materiales en sus vidas, creyendo que les dará felicidad.

El activo más grande que todos tenemos es nuestra mente, tú podrás divorciarte y en medio del litigio, tu pareja se queda con más del 70% de tu capital, pero hay algo que jamás se podrá llevar, tus conocimientos. Este activo es sólo tuyo, y siempre te acompañará, vale la pena invertir lo que fuera necesario porque él te dará toda la felicidad que buscas. Recuerda que el hombre se transforma en lo que piensa, invierte en tu mente y ella te hará rico.

Debemos saber dos cosas importantes, primero saber dónde buscar la felicidad, esto lo haremos es con libertad, y segundo, amar e invertir en nuestro mayor activo que es nuestra mente. Si hacemos estas dos cosas, lograremos nuestros objetivos. Muchos preguntan ¿Cómo invierto en mi mente? Fácil, la educación y la preparación, a continuación, quiero hablarte de algunas herramientas que he aprendido y me han llevado a lograr cierta independencia financiera, en los próximos capítulos están las verdades universales que debemos saber para lograr ser libres de la esclavitud del trabajo común. Te advierto que existe una persona que no le gustaría que leyeras este libro, y esa persona es tu jefe, sin embargo, hoy vas a descubrir verdades que te llevarán a otro nivel. La clave de la vida y la satisfacción es el constante progreso.

Odres viejos vs Odres nuevos:

Uno de los grandes problemas que enfrentan las personas que quieren salir de lo rutinario y la esclavitud de tener un trabajo de 8 a 5, es la vejez mental. Aunque físicamente podamos ser jóvenes, muchas veces nuestra mente crea paradigmas que bloquean las grandes virtudes que tenemos.

La mente es el activo más grande que poseemos, si tienes una mentalidad vieja, entonces toda tu vida estará llena de temores. La naturaleza del ser humano es temer a los cambios y cuando estamos en una zona de confort no queremos salir de ella, pues nuestra mente nos dice: ¿Cómo pagarás la casa? ¿Cómo pagarás la cuota de tu vehículo? Y estas preguntas te infunden un temor que no te permite avanzar, por esa razón cada día debemos renovarnos mentalmente, tener odres nuevos, y que cuando las ideas lleguen prosperen lo más rápido posible.

Hay un versículo de la biblia donde Jesús hace una excelente comparación:

Mateo 9:17

"Y nadie echa vino nuevo en odres viejos, porque entonces los odres se revientan, el vino se derrama y los odres se pierden; sino que se echa vino nuevo en odres nuevos, y ambos se conservan".

Así pasa con las ideas, Dios nos da la oportunidad de revelarnos un proyecto, pero si tenemos mentalidad anticuada derramaremos esa idea y no habrá provecho de nada. En cambio si tenemos mentes renovadas las ideas van a prosperar sin importar la edad física.

Debes llenarte de valor. La biblia dice: "el Amor hecha fuera al temor", trabaja cada día con amor a tus sueños, a tus metas, inspírate en algo o alguien, plantéate metas y escríbelas y trabaja para cumplirlas.

Invirtiendo con sabiduría

¿Qué tanto debes esforzarte para ganar dinero?, ¿Cuánta energía sale de tu cuerpo? y ¿Cuántos años de vida te estás quitando sólo por tener dinero?

2/3

Capítulo II

Invirtiendo con sabiduría

"Definición de Riqueza: Número de días que puedes sobrevivir sin trabajar físicamente mientras mantienes su estándar de vida"- Revista Entrepreneur

Muchas personas que conozco ganan más dinero que yo, sin embargo, no son felices y la razón principal de esto es la manera de cómo ellos se ganan el dinero. Muchos dirán que no importa la manera, si al final es dinero, pero yo creo que debemos ganarlo de forma inteligente, quizás en un mes yo gane 5,000 dólares desde mi casa haciendo lo que yo sé hacer, y otra persona en ese mismo mes ganó 10,000 dólares trabajando 15 horas diarias en trabajos muy forzosos y no tuvieron tiempo para ver dormir a sus hijos ni tampoco los ven levantarse, llegan muy tarde y se van muy temprano al trabajo. Aunado a esto, la salud se deteriora más rápido porque debes casi siempre ingerir comida rápida en la calle, y así se van sumando los problemas, y luego esos 10,000 dólares al mes no te alcanzarán para recuperar el tiempo con tu familia ni mucho menos, recuperar la salud.

Yo, por otro lado, gané 5,000 dólares al mes, pero todos los días vi a mis hijos crecer, dormir, comer, los llevé al colegio, salimos al parque a cualquier hora, hacemos múltiples actividades y esto va sumando felicidad a nuestras vidas. Como siempre estoy en casa, no gasto gasolina, no estoy expuesto al riesgo en la calle y sólo gané 5,000 dólares de forma inteligente. Aunado a eso siempre soy el mejor maestro que pueda tener mi hijo, pues siempre está aprendiento de mí, recuerda que compartir tiempo de calidad en familia tiene muchos beneficios: Mejora la comunicación en el entorno familiar y fortalece los vínculos afectivos.

¿Qué tanto debes esforzarte para ganar dinero? ¿Cuánta energía sale de tu cuerpo? y ¿Cuántos años de vida te estás quitando sólo por tener dinero? Al final del día muchas personas tuvieron mucho dinero, pero eso no compró su salud. La felicidad y el éxito se logran cuando tú inventas una forma de ganarlo cómodamente, aunque con esfuerzo, sin mucho sacrificio y con la menor cantidad de problemas posibles.

Conocí a una persona en Florida, que vendía una cámara de vigilancia y su costo en Internet era de 25 dólares. Él lograba venderla por 450 dólares, era increíble, esta persona es un excelente vendedor y tiene todo el perfil de un vendedor exitoso, su nivel de persuasión hacía parecer que él fabricaba la cámara, pero en realidad, él compraba la cámara en internet por un costo mucho menor, y luego desarmaba la cámara y traspasaba todo el circuito electrónico a unas carcasas que tenían su etiqueta y luego, simplemente les explicaba a las personas cómo usar esa cámara. Consistía en instalar cámaras y micrófonos ocultos, pero en verdad todo se compraba ya hecho y se traspasaba a su molde ya establecido. Diariamente vendía alrededor de 5,000 dólares en cámaras y micrófonos y sólo invertía no más de 250 dólares. El problema de este negocio es que diariamente tenía muchas personas que reclamaban y exigían que se les regresaran el dinero cuando se daban cuenta que no funcionaban, entonces, este hombre siempre vivía con un nivel de estrés porque aunque facturaba mucho, también tenía muchos problemas de reclamos.

A lo que voy es que quizás cuando él cerraba el negocio, cada noche hacía como 5,000 dólares, pero estoy seguro que no podía dormir bien pensando cuántos clientes regresarían al día siguiente a presentar un reclamo. Esto en verdad no es vida, vivir con estrés y trabajar con temor, tiene consecuencias devastadoras para nuestra salud, aunque puedas ganar mucho dinero, no es felicidad.

Lo inteligente está en ganar el dinero con la menor cantidad de problemas posibles, con la menor cantidad de esfuerzo físico posible. Las escuelas siempre enseñan lo contrario, esfuérzate más y ganarás más, pero en realidad, las personas de éxito saben que ganar dinero con la mínima cantidad de esfuerzo y con la menor cantidad de problemas, es el objetivo número uno en alcanzar.

Nuestros hijos van a la escuela desde las 8:00 am hasta las 3:00 pm en Estados Unidos, y en mi criterio, los están preparando para ser esclavos del trabajo, y de cumplir un horario específico al ser adolescentes, normalmente terminan trabajando en McDonald's para cubrir sus gastos. Si desde pequeño educamos a nuestros hijos a entender el valor del tiempo y el valor de crear ingresos pasivos, cuando sean adolescentes tendrán una mentalidad superior que los llevará a un nivel económico más alto del que sus padres puedan tener en la actualidad. Cambia tu generación empezando por tus hijos. Sabemos que existen diversas formas de generar dinero de forma pasiva e inteligente sin tu presencia física en un lugar. En el siguiente capítulo te voy a explicar las diferentes formas de hacerlo para que descubras dónde puedes desarrollarte mejor y todo va a depender de ti.

Muchas personas pensarán que para hacer dinero es necesario cumplir un horario y trabajar muy duro, pero esto se hizo para los esclavos y si quieres dejar de serlo, entonces, este libro es para ti. Estamos en un mundo que continuamente está cambiando, estos cambios son duros para aquellos que no están preparados y hoy te mostraré las diferentes formas de hacer dinero desde cualquier lugar donde te encuentres. Recuerda, la meta es salir de la ecuación del fracaso para que no trabajes 8 horas diarias, para que vivas la vida que sueñas, para que tengas tiempo de estar con tu familia, para que simplemente seas feliz con libertad que es lo que todo hombre o mujer quiere tener.

Educa a tus hijos y concentra tu mayor esfuerzo en hacerles conocer desde pequeños las herramientas que tienen para hacer dinero desde temprana edad. Hoy en día muchos padres están preocupados por el tiempo que pasan los niños en las tablets o computadoras, y en cierta forma es verdad, existen dos clases de personas, los que consumen contenido y los que crean contenido, si tu hijo está perdiendo el tiempo solo consumiendo contenido, es decir, viendo videos tontos en YouTube, o películas en Netflix, es momento que tú le muestres que más se puede hacer con una computadora.

Elon Musk, a los 12 años de edad empezó a conocer el mundo de la programación por computadora, alguien tuvo que mostrarle el camino, era solo un niño, la naturaleza de todo joven es diversión, sin embargo alguien influyó en Elon Musk, a tal punto que con apenas 24 años de edad y aun siendo estudiante universitario creo PayPal, luego vendió PayPal por más de 1.5 billones de dólares, ya con 28 años de edad era multimillonario, él pudo quedarse tranquilo, pero su visión siguió a tal punto que en medio de la peor depresión económica del mundo, Elon Musk, creo Tesla, una empresa líder en autos eléctricos y autónomos, hoy en día las acciones de Tesla siguen en aumento increíble en la bolsa, y Elon Musk, no se queda tranquilo, sigue siendo un visionario, está invirtiendo mucho dinero en el proyecto SPACEX, con futuros viajes turísticos al espacio. Haz que tus hijos inviertan bien su tiempo.

El conocimiento no es igual a la sabiduría. Una forma fácil de diferenciar ambos es que el conocimiento te da el poder del saber, sin embargo, la sabiduría es aplicar ese conocimiento en el momento que sea necesario, un buen ejemplo lo tenemos en la respuesta que dio Jesús en este pasaje de la biblia:

Mateo 22:17-22

17 Dinos, pues, qué te parece: ¿Es lícito dar tributo a César, o no?

18 Pero Jesús, conociendo la malicia de ellos, les dijo: ¿Por qué me tentáis, hipócritas?

19 Mostradme la moneda del tributo. Y ellos le presentaron un denario.

20 Entonces les dijo: ¿De quién es esta imagen, y la inscripción?

21 Le dijeron: De César. Y les dijo: Dad, pues, a César lo que es de César, y a Dios lo que es de Dios.

22 Oyendo esto, se maravillaron, y dejándole, se fueron.

Jesús conocía a Dios, y también sabía que era obligatorio cumplir las leyes terrenales de pagar impuestos y su respuesta no favoreció ni al César ni a Dios, simplemente fue sabio al responder.

En los negocios he desarrollado algunas habilidades que me han dado como un sexto sentido por así decirlo. La sabiduría de hacer un negocio es lo que determinara tu éxito o fracaso.

En el año 2016, recién llegado a Estados Unidos, trabajé como técnico de cámaras de seguridad en una compañía donde el salario era de 10 dólares la hora y tenía que manejar 50 millas para llegar al lugar de trabajo. Cada noche me acostaba muy frustrado y una madrugada me levanté con la idea de hacer un cambio en mi vida, y aunque los resultados no serían de inmediato decidí crear una una página web para ofrecer mis servicios como técnico por internet.

Al día siguiente, contacté a varios amigos que son buenos en programación y diseños de sitios web, les expuse mi idea: "Quiero hacer una página que ofrezca solo el servicio de instalación de televisores en el área de la florida, pero que esa página sea la numero uno en google, pero sin pagar un centavo en publicidad, pues no tengo dinero para eso" mi amigo Asnardo, tomó el reto y empezamos el proyecto.

Cada noche llegaba muy cansado, sin embargo, me sentaba frente al computador para ayudar a mi amigo Asnardo a desarrollar la idea. Cabe destacar que Asnardo no cobró nada por este proyecto, simplemente era una idea que no sabíamos si resultaría. Y así pasó un año y la página www.smarthome-controlsystem.com, ya era la primera en google con la palabra: Instalación de televisores en Miami, recibíamos llamadas a diario y contraté a dos personas para hacer las instalaciones e independizarme por completo.

Pasado dos años, decidimos vender la página web. Recibimos una oferta de 25,000 dólares y no la rechazamos. Total, la inversión para hacer la página fue de 150 dólares y dos años después multiplicamos la inversión. No debemos conformarnos con lo poco que ganamos, siempre busca más, trabaja cada día por tus propios proyectos y metas y sigue adelante.

SABIDURIA DE CUIDAR TU FUENTE DE INGRESOS:

No sabemos lo que nos depara el futuro, pero es de siempre de sabios construir un fondo para cualquier eventualidad. Muchas personas lo llaman "Fondos de Emergencias" yo prefiero darle otro nombre: **"Ahorra recursos en tiempos buenos, para tiempos difíciles"** una vez más la biblia tiene un gran mensaje que nos enseña la importancia de ahorrar:

Génesis 41:34-36

Reina-Valera 1960

34 Haga esto Faraón, y ponga gobernadores sobre el país, y quinte la tierra de Egipto en los siete años de la abundancia.

35 Y junten toda la provisión de estos buenos años que vienen, y recojan el trigo bajo la mano de Faraón para mantenimiento de las ciudades; y guárdenlo.

36 Y esté aquella provisión en depósito para el país, para los siete años de hambre que habrá en la tierra de Egipto; y el país no perecerá de hambre.

La economía de cualquier país tiene momentos buenos y malos, debemos tener la sabiduría necesaria para ser buenos administradores en cualquier circunstancia del país.

LA SABIDURIA DE NO ADQUIRIR DEUDAS:

El Sistema financiero de Estados Unidos, está diseñado para adquirir deudas, sin embargo, leamos lo que nos dice el hombre más sabio del antiguo testamento, Salomón:

Proverbios 22:7

7 El rico domina a los pobres, y el que toma prestado es esclavo del que presta.

Es de sabios, hacer un análisis financiero y sumar tus ingresos fijos y restarlos con tus gastos fijos, antes de adquirir una deuda. El crédito puede ser tu mayor amigo si lo usas para invertir, pero puede ser tu mayor enemigo si lo usas para gastar en cosas que no necesitas como para impresionar a personas a quien no les interesas.

SABIDURIA DE DIVERSIFICAR TUS INVERSIONES:

El futuro es incierto y no sabemos nada de él, pero sí conocemos el presente. Diversificar tus inversiones en varias empresas te asegura que si unas caen otras suben o se mantienen, la biblia incluso recomienda en invertir en más de una empresas porque no sabemos el mal que le vendrá al mundo.

Eclesiastés 11:2

**2 Coloca tus inversiones en varios lugares,[a]
porque no sabes qué riesgos podría haber más adelante.**

En marzo del 2020 cuando se intensificó el Covid-19, las acciones cayeron a niveles impresionantes, sin embargo, muchos inversores conocen que cuando el mercado se desploma, existen otros fondos de inversiones para hacer crecer el dinero ya que invertir en varias empresas es lo más sabio que puedas hacer.

Actualmente estoy invirtiendo en empresas de belleza, educación en línea y servicios, ya que en los momentos más difíciles del mundo, son estas empresas las que se han mantenido con números positivos.

3/3

¡A generar dinero!

"Si quieres ser rico, no aprendas solamente cómo se gana, sino también cómo se invierte"

- Benjamin Franklin.

Capítulo III

¡A generar dinero!

"Si quieres ser rico, no aprendas solamente cómo se gana, sino también cómo se invierte" - Benjamin Franklin.

Estas formas de generar ingresos te harán omnipresente el mercado y tu vida financiera, es decir te brindan la posibilidad de que tus habilidades generen dinero aun cuando no estás, lee atentamente cada una y encuentra esa que más se adapte a lo que buscas, desarróllala y ¡Comienza a generar dinero!

3.1. Ganando dinero en la Bolsa de Valores

Existen varias formas de hacer dinero en la bolsa de valores, para los que no lo saben, la bolsa de valores es una institución donde cualquier empresa pública o privada puede vender parte de sus acciones públicamente para que cualquiera que quiera invertir, la pueda comprar. Cada país del mundo tiene su mercado de valores, yo hablaré específicamente del mercado de valores de Estados Unidos. En la bolsa de New York, es donde cotizan las empresas más importantes del mundo y donde se mueve la economía mundial.

En la bolsa de valores cotizan muchas empresas y dentro

de estas, están los **Brokers,** que son como los bancos o los intermediarios entre tú y la empresa a la que vas a comprar algún instrumento financiero. Existen dos tipos de **Brokers,** están los que cobran comisión y los que no cobran ninguna comisión. También es preciso que sepas que tú puedes comprar diferentes tipos de instrumentos financieros y entre los más comunes están:

• **Acciones:** Forman parte de la compañía y al comprarlas tú estás adquiriendo parte de dicha empresa.

• **Bonos:** Son instrumentos que las empresas emiten para adquirir capital, es como si tú fueras el prestamista de dicha empresa y al terminar el plazo del bono, se te paga una comisión por prestarle el dinero a la empresa.

• **Futuros:** Cuando tú compras este instrumento estás pactando un precio de algo al precio actual. Si al pasar el tiempo, el precio aumenta, el que emite, está obligado a venderte al precio pactado anteriormente, aunque actualmente el valor sea mayor, para tú poder comprar un futuro simplemente debes pagar una prima y esperar que el activo aumente para poder adquirir tu ganancia.

• **Opciones:** La palabra lo dice, si algo va a subir o bajar, y tú crees que una empresa de la bolsa de valores va aumentar, tú puedes comprar Options Call, y si el movimiento sucede en el tiempo correcto, ganarás mucho dinero. Ahora bien, si el activo no sube, sino que baja de precio, entonces vas a perder el dinero.

Del otro lado están las Options Put, que es cuando tú predices que un activo va a caer, entonces si el movimiento se da y el activo cae en el tiempo correcto, ganas dinero por la caída del activo. Pero si no cae el activo, sino que sube de precio, entonces no ganarás nada y perderás el dinero de la prima, no te preocupes, más adelante explicaré esto.

¿Cómo ganar dinero aquí?

Fácil, te explicaré lo que a mí me ha funcionado, solo quería hablarte de forma sencilla lo que significa cada instrumento, te lo he explicado con palabras claras y coloquiales, para que entiendas, no es necesario que busques más información en ningún lado ya que tu único objetivo es sacar dinero de aquí, no convertirte en un doctor de términos financieros, sin embargo, queda a tu criterio el querer aprender más.

Para ganar dinero en la bolsa, lo hago de dos maneras:

La primera: **Comprar Acciones.**

Detecto empresas que estén en formación y que sus números financieros estén bien, y luego hago un análisis profundo. Estas empresas emiten acciones en la bolsa de valores que yo compro para guardarlas, esperar que suban de precio y luego, las vendo. Tomo mi utilidad y espero otra oportunidad. Cabe destacar que, al comprar acciones de empresas, es como si fueras el dueño de esta, sin importar la cantidad de acciones que puedas comprar. Con solo una acción ya eres parte de esta compañía. Por ejemplo: actualmente, poseo acciones en Bank Of America, y de forma trimestral me depositan las utilidades de esas acciones.

Otro punto importante, al invertir en acciones, es que estas son tuyas por el resto del tiempo que decidas mantenerlas. Puedes venderlas en cualquier momento, pero si decides mantenerlas, cada tres meses las empresas reportan utilidades y esas utilidades las reparten equitativamente entre todos los accionistas de la empresa. Entonces ya estamos descubriendo una forma de ganar dinero inteligentemente.

Cuando compro acciones, espero que me generen dinero de dos formas: número uno, si la acción aumenta de precio, la puedo vender, y tomo mi ganancia; número dos, espero los reportes de utilidades y me depositan el dinero por ser parte de los accionistas de la empresa.

¿Cómo saber dónde están las mejores empresas?

Desde hoy empieza a visitar esta página: **www.finviz.com**, allí están todas las empresas que cotizan en la bolsa de valores. De igual forma podemos ver el análisis fundamental de la compañía, es decir, podemos ver en forma general sus números, ver cuánto income tienen (ingresos), cuántas ventas tie-

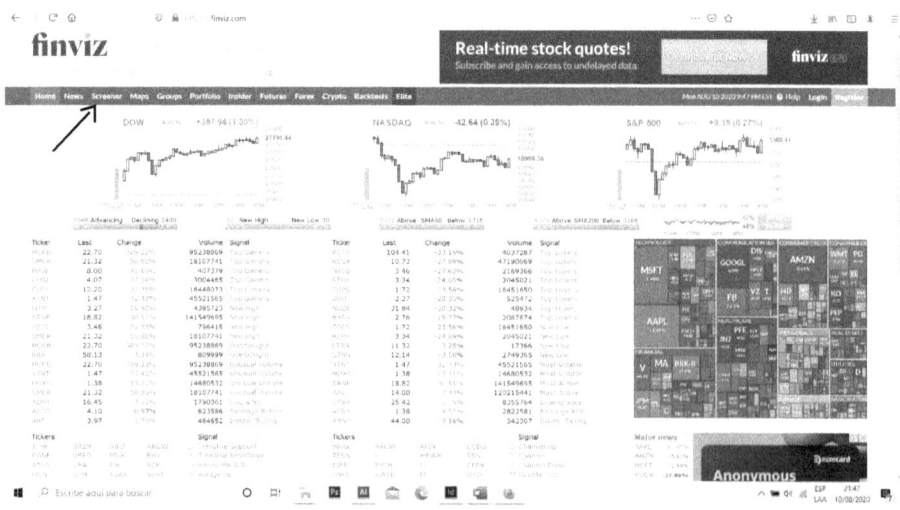

nen, podemos analizar sus estados financieros y determinar si esta compañía donde vamos a invertir es sólida.

Existen muchas empresas en la bolsa que sus números financieros están en negativos, y esto sucede por dos cosas principales: Es una empresa nueva o tiene problemas financieros. De aquí es donde normalmente vienen los **Penny Stock,** son empresas donde sus acciones cuestan desde centavos de dólar hasta 7 dólares cada acción. Invertir en una de estas pequeñas empresas, muchas veces ha resultado rentable, aunque aclaro, que no en todos los casos es recomendable hacerlo, debemos saber detectar el momento preciso para entrar y tomar nuestra ganancia.

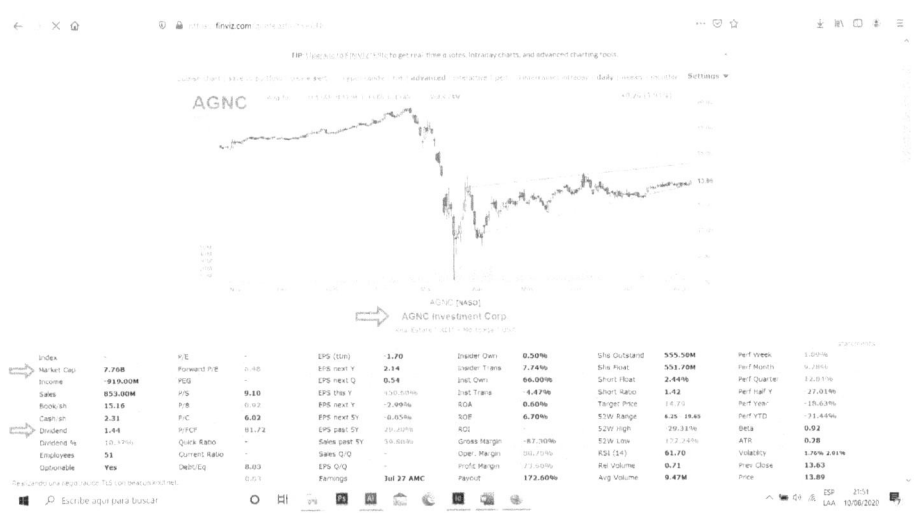

En Finviz, también podemos hacer un filtro para determinar qué empresa paga los mejores dividendos, viendo esto, nos permite tomar decisiones si lo que queremos es invertir en esas empresas y esperar a que nos depositen los dividendos repartidos equitativamente a cada accionista.

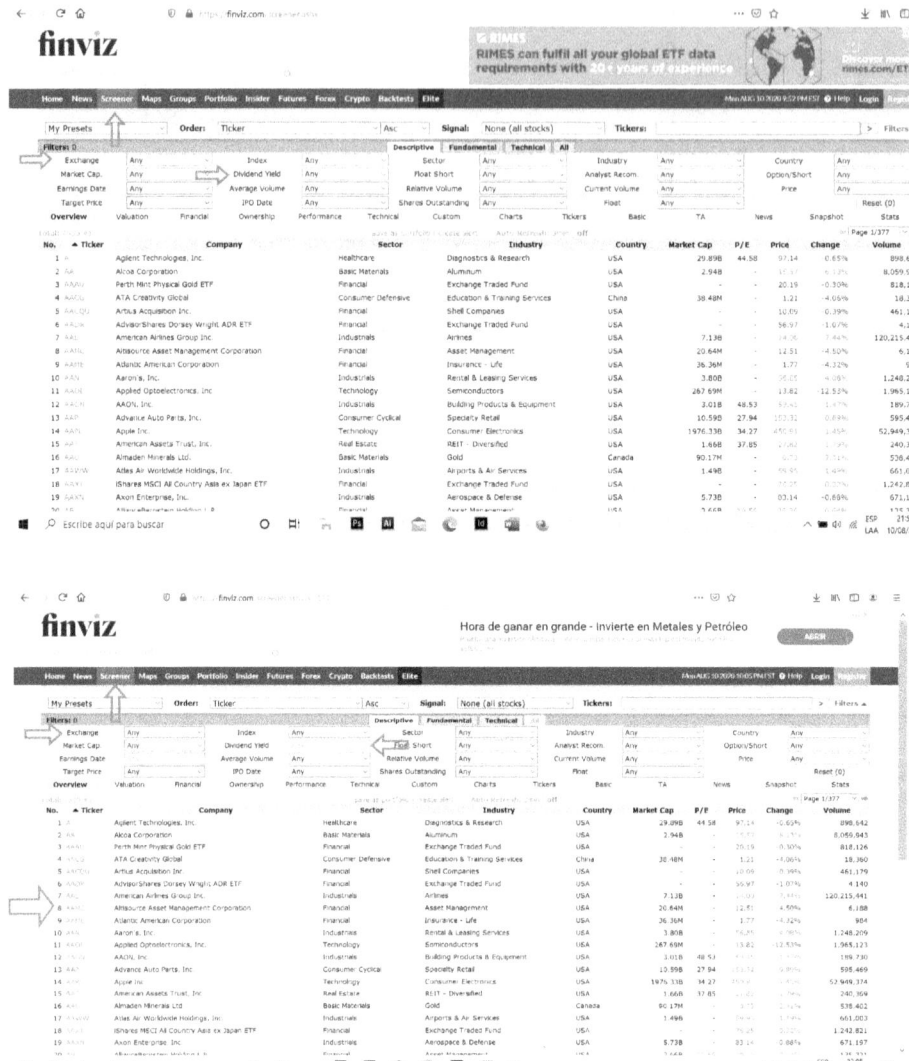

También nos permite ver un mapa de las 500 mejores empresas de Estados Unidos, a esto se le llama el **SP500,** este índice financiero es el que yo más uso para hacer mis inversiones, al hacer click en Maps, veremos cuadros verdes y rojos y todo depende de cómo fue el cierre, si hubo ganancias marcará verde y si hubo pérdidas marcará rojo.

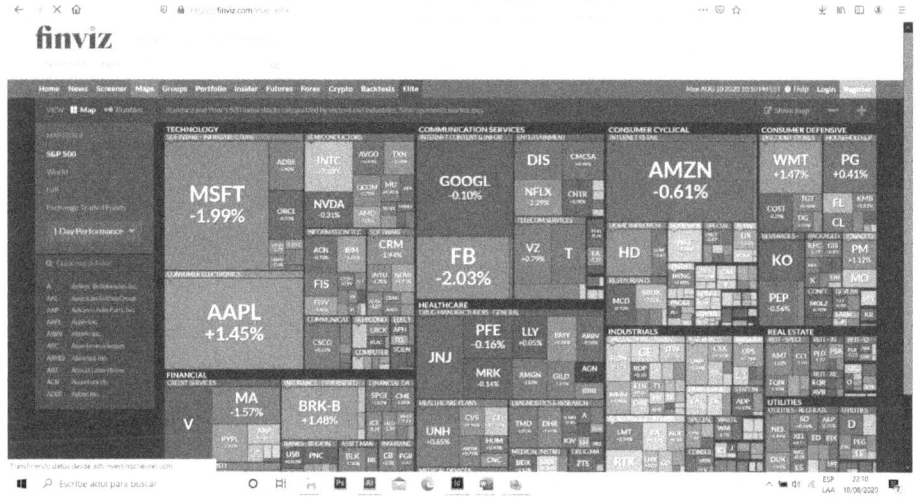

Aquí podemos hacer un análisis para buscar acciones de buen precio y buena perspectiva de ganancia para invertir, tener un ojo clínico para escoger la correcta dependerá de ti y de lo que tú puedas investigar.

A continuación te mostraré una serie de recomendaciones para hacer una inversión en acciones de la bolsa, recuerda que existen diferentes tipos de instrumentos financieros. Uno de ellos son las acciones, invertir en acciones muchas veces el resultado es un poco lento, es decir, lleva tiempo para que la acción suba de precio y poder tomar utilidad, esto es inteligente si elegimos a una compañía en desarrollo que prometa buenos avances en el futuro y que el valor esté en buen precio y buenos dividendos.

El poder de invertir en acciones como método a largo plazo:

En diciembre del año 2008, la acción de **Netflix,** tenía un valor de 3 dólares por acción, si en ese tiempo hubieras invertido 600 dólares en esta plataforma digital, en ese momento habrías comprado 200 acciones. Para el 2018 cada acción de **Neflix** tenía un valor de 420 dólares, estamos hablando de una ganancia de aproximadamente 78,000.00 dólares en 10 años. Míralo como un ahorro para el retiro, si vivieras en un país latino, representaría el salario de 24 años de trabajo con solo una inversión de 600 dólares. Pero ojo, no existe un negocio que arroje tal utilidad en tan poco tiempo, lo mejor es que el dinero simplemente se deje allí y empiece a crecer.

Podríamos hablar de muchas más acciones como: **Amazon, Facebook, Microsoft, Apple y Tesla,** todas ellas empezaron a costar centavos de dólar en la bolsa de valores y hoy en día, el precio de Amazon para el mes de Agosto del año 2020 supera los 3,000 dólares por acción.

¿Cuáles acciones recomiendo para invertir?

Te recomendaré algo que actualmente estoy haciendo... Yo ahorro dinero en la bolsa de valores comprando acciones de Uber, y el efecto que tiene, es grande. Actualmente una acción de **Uber** cuesta 30 dólares, invertir en solo 20 acciones de esta empresa, podría llevarte en un futuro a tener ganancias. Esta empresa tiene la habilidad de sacarle dinero a las familias de muchas formas a través de los **Uber taxis** y **Uber Eats** ya que están implementando otras formas de transporte aéreo y terrestre. El efecto **Uber** ha llevado a la creación de varias compañías que están imitando su forma de trabajo conectando personas que necesitan un servicio con otras que prestan dicho servicio.

Muchas personas buscan resolver solamente los problemas

del presente como pagar las facturas del día, sin pensar que el mañana está a la vuelta de la esquina. Tenemos la educación de nuestros hijos, nuestro plan de retiro y las vacaciones soñadas. Planificar el futuro e invertir dinero de forma continua e inteligente, es lo que hacen las personas con mente millonaria. Es como sembrar la cosecha, toma su tiempo, pero llegará el día del fruto y ese día es el mañana. "Si no trabajas por tus sueños, alguien te va a contratar para que trabajes por los suyos"

¡Planifica bien el mañana, hoy es el día de empezar!

Actualmente estoy ahorrando dinero y comprando acciones de **Uber**, de igual forma, compro oro o plata. ¿Cómo es esto? Te explico, en la bolsa de valores existen *ETF* que cotizan con el movimiento del oro o la plata, estos son fondos que tienen el mismo comportamiento del oro, solo que es más fácil porque no necesito tener un lugar físico para guardar la mercancía. *GLD* es la abreviación del oro, y la plata es *SLV*.

¿Cómo resguardar nuestro capital de inversión cuando la bolsa cae?

La materia prima como el oro, la plata o el petróleo, son instrumentos de refugio de capital para resguardarse de las fuertes caídas del mercado de valores y cuando este presenta caídas, las personas comúnmente compran oro o plata. He creado el hábito de tener siempre guardado una cantidad de mi dinero en estos materiales preciosos, claro está, de forma digital.

Los mercados de valores siempre se inflan y luego se desinflan, sin embargo, muchas veces las caídas son fuertes, y varían aproximadamente entre el 3% al 15% en el lapso de un mes. Esto normalmente ocurre cuando hay noticias que atribulan a las inversiones y empieza una venta masiva de acciones, en estos casos podemos refugiar nuestro capital de inversión, adquiriendo **ETF** del oro o la plata. También podemos liquidar las acciones y tener el dinero esperando ver hasta dónde el mercado puede caer. Estoy seguro que es mucho mejor comprar el oro en la bolsa que comprarlo de forma física

Las noticias y el mercado de valores:

Para nadie es un secreto que las noticias suelen afectar al mercado de valores de una manera radical dependiendo el calibre de la noticia, guerras, problemas políticos del país, pandemias, fusiones entre una empresa y otra, firmas de acuerdos comerciales entre países, por ejemplo, el más reciente fue el trato comercial de China con Estados Unidos.

Las noticias son importantes, pero no determinantes para tomar decisiones, si te basas solamente en ellas, estoy seguro que tus compras no serán las más correctas. Cuando una persona tiene un dolor en una pierna debido a una caída, la mejor forma de descubrir su origen y la repercusión que pueda tener ese dolor, es haciendo una radiografía. Esto pasa también con el mercado de valores y hay dos formas de ver la radiografía del mercado de valores: con un Análisis Fundamental o Análisis Técnico.

• **Análisis Fundamental:** Mirando los números financieros de la empresa en cuestión, analizando sus ventas, gastos, entre otros aspectos económicos, esto lo encontramos fácilmente en www.finviz.com o en otras páginas como investing.com y bloomberg.

• **Análisis Técnico:** Es uno de los análisis preferidos de todos los inversionistas, ya que este muestra realmente lo que está pasando en el mercado. Aquí podemos observar el momento de compra y venta analizado por velas verdes (Compra) y velas rojas (Ventas). Esto debemos mantenerlo simple, si observamos una vela verde (simplemente es intención de compra) vela roja (Intensión de venta). Hay diferentes velas y horarios para tomar en consideración y poder tomar las mejores decisiones, si eres de los que les gusta realizar un análisis técnico, puedes utilizar el sitio web de trading view.

El horario del mercado:

Tomando en cuenta la hora del Este de los Estados Unidos, el horario del mercado es desde las 9:30 am hasta las 4:00pm, ese es el horario abierto al público para comprar o vender acciones y **Options** (esto lo veremos más adelante). Antes o después de este horario, no se puede negociar. No obstante, existe el **Pre-Market** (horario comprendido entre las 7:00 am y las 9:29:59) **Post-Market** (horario entre las 4:00 pm hasta las 8:00 pm). En estos dos horarios el mercado está cerrado pero las personas pueden poner órdenes de compras o ventas las cuales se ejecutarán al día siguiente.

Seguro para tus Acciones:

Eventualmente podemos comprar un seguro que nos proteja de una fuerte caída en el precio de las acciones, esto sería como comprar el seguro de un carro, así mismo pasa con las acciones, los Brokers venden esos seguros para proteger nuestro capital.

¿Cuáles son los principales índices financieros?

NASDAQ, actualmente tiene un valor de 10,000 dólares si compras una posición en este índice con esta cantidad de dinero, tu inversión se distribuye equitativamente entre todas las empresas que forman parte de la tecnología como **Microsoft, Amazon, Facebook** entre otras... Es una manera inteligente de diversificar tu inversión para cuidarte de tener todo el dinero en solo una empresa.

¿No tienes 10,000 o 30,000 dólares para invertir en este índice?

Existe algo que se llama *ETF*, (Exchange-traded fund), es un fondo que tiene el mismo comportamiento del índice y se mueve en la misma dirección, claro, su valor es mucho mejor y en el caso del *NASDAQ*, su *ETF* es el **QQQ**, y tiene un valor aproximado de 190 dólares cada posición. Tú puedes comprar las posiciones que quieras y tiene el mismo efecto como si invirtieras en el *Nasdaq*.

Así que apliquemos la inteligencia, no es necesario ser millonario para invertir en la bolsa, solo se necesita conocimientos para hacerlo.

El índice Dow Jones, por su parte, actualmente tiene un valor de 30,000 dólares, y comprar una posición en este índice es como si estuvieras invirtiendo en las treinta mejores empresas de la bolsa como **Amazon, Facebook, Microsoft, Apple** que forman parte de este índice porque son empresas muy grandes económicamente.

Si no dispones de 10,000 dólares, mucho menos de 30,000 dólares, entonces ¿Qué podemos hacer? El *ETF* (Exchange-traded fund), que cotiza con este índice se llama *DIA*, y su valor es de 300 dólares aproximados y tiene el mismo efecto del índice.

SP500, Actualmente tiene un valor de 3,000 dólares una posición en este índice, y esto se conoce como las quinientas mejores empresas de la bolsa, **Amazon, Facebook, Microsoft, Apple,** entre otras. Si inviertes aquí, vas a distribuir equitativamente tu dinero en cada una de estas empresas.

¿Qué pasa si no tengo 3,000 dólares para invertir en este índice?

SPY es el *ETF* (Exchange-traded fund), es el índice más accesible de todos y los movimientos que tiene son favorables, solo si sabemos determinar bien la dirección de su trayecto, incluso es mi favorito de compra hasta ahora.

Inteligencia del inversionista:

Ya sea que inviertas 20 o 20,000 dólares, ya eres un inversionista. Sin embargo, el hecho de tener más o menos dinero, no mide tu inteligencia a la hora de invertir. Debemos ser inteligentes al momento de hacerlo y tomar las mejores decisiones del mercado mirando al futuro próspero de una empresa, muchas veces pensamos que sería mejor invertir a lo seguro y poner nuestro dinero en empresas grandes de largas trayectorias, pero la experiencia siempre ha demostrado que en el tiempo actual existen empresas que hoy nadie apostaría por ellas. Si tú detectas estas compañías e inviertes, notarás que hoy cuestan poco y tienen pocos inversionistas, probablemente en el futuro cercano, estarás recogiendo tus ganancias. Aprovecha las caídas del mercado, analiza bien las gráficas a largo plazo, y mira el crecimiento de una acción, verifica la tendencia y toma tus decisiones.

¿Quieres aprender más sobre cómo tomar decisiones?

Actualmente estamos dando seminarios prácticos para que tomes decisiones prácticas, puedes buscar nuestros seminarios en www.viajealexito.com, allí encontrarás los pasos que debes seguir para configurar tu computador, mirar gráficas, abrir cuentas de *Bróker* y otras cosas de suma importancia.

La segunda. Comprando Opciones Financieras:

En el mundo de las inversiones tenemos aquellas que generan ganancias a largo plazo y las que generan ganancias en solo días; es decir a corto plazo. Cuando hablamos de comprar acciones, debemos hacer un análisis del mercado y de la acción que vamos a comprar, hay que estudiar su comportamiento en un lapso de tiempo específico para visualizar el resultado. Existen los **Traders** (alternativamente, operadores o negociadores por cuenta propia) que son las personas que ejercen la profesión del **Trading**, ellos ven el movimiento de un activo y saben cuál instrumento financiero puede generar la ganancia de forma rápida. Como lo dije anteriormente, todo depende de cuál instrumento compres, y si estás dispuesto a soportar algún riesgo, te invito a conocer las **Opciones Finan-**

cieras.

Este es un método importante para ganar dinero porque su ganancia es más rápida y grande, sin embargo, también existen riesgos que asumir. Una opción es un contrato que vence en un plazo determinado, al comprar una opción estás comprando un paquete de 100 acciones y solo pagas una prima.

Ejemplo: Compras una opción de **Apple** y en ese momento la acción está en 310 dólares, tú tienes dos tipos de opciones para comprar, una es **Call** (ganas dinero si Apple sube) y otra es **Put** (ganas dinero si Apple baja). Es decir, que con las opciones financieras puedes ganar dinero subiendo o bajando. Debes tener una serie de estrategias para detectar cuándo una acción está apunto de bajar o subir, y ahí es cuando puedes aprovechar esta situación y sacar mucho dinero.

¿Cuánto dinero se puede ganar en Opciones?

La respuesta corta a esta pregunta es indefinido, pero lo ilustraré en el siguiente ejemplo:

Apple cotiza en la bolsa a 310 dólares, y tu análisis te dice que **Apple** va a subir en los próximos 7 días, entonces llega el momento de tomar una decisión, venimos y compramos 10 contratos de **Apple** con un precio objetivo de 314 dólares, este contrato pudiera costar aproximadamente 0.60 dólares, pero recuerda que cada contrato tiene 100 acciones, lo que te lleva a que cada uno cuesta 60 dólares por los 10 que compraste da un total de 600 dólares, más la comisión del **Bróker** que serían aproximadamente unos 6 dólares, en general sería un total neto a pagar de 606 dólares.

De aquí en adelante, tu objetivo es que **Apple** aumente de valor durante esos siete días, si esto ocurre y **Apple** aumenta a 316 dólares en un lapso de cinco días, estaríamos hablando que aún te quedan dos días más de los que tú elegiste, pero subió y pasó tu precio objetivo, lo que nos lleva hacer el siguiente calculo:

316 (precio al que subió) – 314 (precio objetivo) = 2 dólares

Ahora bien, tienes diez contratos, multiplicamos 10 x 2 = 20 dólares, pero recuerda que cada contrato tiene cien acciones. Ahora debes multiplicar 20 x 100 = 2,000 dólares de ganancia, más el tiempo que te queda, estaríamos hablando de 2,300 dólares con solo una inversión de 600 dólares en menos de siete días. Este es el poder de saber qué instrumento financiero aplica a cada momento que se está viviendo en la bolsa de valores.

Por otro lado, si **Apple** no aumenta de precio, sino que baja, en este caso pierdes la prima de los 600 dólares, pero puedes salirte en cualquier momento si vez que los 600 dólares en dos días, se convierten en 450 y no quieres seguir tolerando pérdidas, es mejor recuperar los 450 dólares y esperar otra oportunidad.

Debes detectar cautelosamente los mejores momentos para salir y entrar en una inversión.Te recomiendo que veas nuestros seminarios online en nuestro sitio web www.viajealexito.com, allí especificamos una lista de estrategias y horarios para ganar dinero con las Opciones Financieras. En conclusión, a esta primera parte de la bolsa de valores:

Es bueno tener inversiones en **acciones**, **bonos** o **ETF** y mirar a largo plazo para que nuestras inversiones sean las más correctas. En el caso de las Opciones Financieras, es una forma de tener dinero hoy mismo, y esto junto con las acciones, durante dos años, me han dado todo lo necesario para cubrir mis gastos y proyectarme a nuevos negocios. Sin embargo, existen otras formas de hacer dinero si eres del tipo de persona que no soporta la volatilidad de los mercados financieros.

Estrategias para Multiplicar tu dinero en la Bolsa de Valores.

Existen en internet información de estrategias que muchos dicen haber patentado y pretenden venderte un curso o seminario haciéndoles creer a muchos que son estrategias de inversión que ellos ha descubierto. Tú puedes creer o no en esas personas sin embargo quiero darte varios consejos que te ayudarán a identificar cuando estás en presencia de la persona incorrecta:

- Quiere venderte una suscripción mensual para que entres en su academia de Trading.

- Quiere venderte un curso donde supuestamente están sus estrategias únicas.

- Muchos dicen que te harás rico y ganaras mucho dinero.

No pretendo decepcionarte, pero mi consejo es que no pierdas tu tiempo en personas que te ofrecen algo parecido a lo anterior, claro siempre se va a maquillar de diferentes matices para que de alguna forma caigas en la trampa.

La realidad es que tú nunca verás en internet un curso de la bolsa de valores dictado por Warren Buffett, una de las eminencias más grandes en las inversiones, tampoco vas a encontrar un curso de programación que te lo de Bill Gates, de ninguna manera encontrarás un seminario de elaboración de autos que lo imparta Elon Musk y mucho menos harás un curso de ¿Cómo crear páginas Web? por Jeff Bezos. Sencillamente ellos ya son multimillonarios y no van a perder su tiempo en enseñarte a ti a ser millonario. Te recomiendo que tengas mucho cuidado cuando veas alguna publicidad de personas o empresas que te prometa hacerte rico de la noche a la mañana.

Es verdad, nosotros damos cursos, pero solo es un seminario informativo, no te prometemos que te harás rico, ni que en corto tiempo dejarás tu trabajo, simplemente si tú quieres aprender más acerca del tema de la bolsa de valores puedes entrar en www.viajealexito.com, y mirar nuestros cursos que han sido de una bendición para muchos en el mundo entero. No prometemos nada, ni te cobramos alguna suscripción, y por supuesto que no ganamos dinero por cada persona que entre, no somos una organización piramidal que ganarán mientras más entren a la academia, no somos así. En nuestro corto seminario te enseñamos solo a como tomar decisiones de compra de acciones y opciones financieras de la bolsa de valores, con técnicas que nos han servido por años y son muy simples de aprender.

No obstante, a continuación, voy a dar algunas técnicas de opciones financieras que me han funcionado, teniendo esta información y con disciplina harás mucho dinero en el Mercado de valores.

Comprar el ETF SPY en Opciones Financieras Antes del cierre del Mercado.

El SPY es un instrumento financiero que tiene tres fechas de vencimiento en cada semana, (lunes / miércoles / viernes), la estrategia que me ha funcionado es esperar el día martes o el día jueves a las 4:00 pm y como normalmente ese día o más tardar al día siguiente sale el reporte de desempleos del país, el mercado empieza a reaccionar a las noticias rápidamente, yo aprovecho este momento y compro contratos del SPY que expiren al día siguiente.

En este ejemplo compré diecisiete contratos del SPY en dos tandas, los primeros diez contratos los compré a 136.89 dólares, alrededor de las 3:00 pm, pero antes de cerrar el mercado a las 4:00 pm ví que la tendencia era muy fuerte, y compré un poco más esta vez, invertí en siete contratos del Spy a un precio de 158.82 dólares, sumando lo invertido el monto sería 295.71 dólares, al cerrar el mercado yo apagué la computadora y salí a jugar béisbol con mi hijo Jaziel.

Al día siguiente al levantarme a eso de las 9:00 am, miré el premarket y vi que la situación estaba aún a mi favor, pero faltaban 30 minutos para que abriera el mercado de valores, tomé mi desayuno y café de costumbre mientras hablaba con mi esposa en la cocina, tomé mi computadora y con el objetivo de organizarme para que cuando abriera el mercado se me vendieran los diecisiete contratos de forma automática. Ahora miren lo que me depositaron con una inversión de 295.71 dólares.

Activity

Account # Z03-
JOSE R CARMONA - INDIVIDUAL

Securities Bought & Sold (continued)

Settlement Date	Security Name	Symbol/ CUSIP	Description	Quantity	Price	Total Cost Basis	Transaction Cost	Amount
06/16	CALL (SPY) SPDR S&P500 ETF JUN 17 20 $320 (100 SHS) OPENING TRANSACTION	4726639BZ	You Bought	10.000	0.13000	-	-6.69	-136.89
06/16	CALL (SPY) SPDR S&P500 ETF JUN 17 20 $320 (100 SHS) OPENING TRANSACTION	4726639BZ	You Bought	7.000	0.22000	-	-4.82	-158.82
06/17	CALL (SPY) SPDR S&P500 ETF JUN 17 20 $320 (100 SHS) CLOSING TRANSACTION	4726639BZ	You Sold Short-term gain. $1,477.54	-17.000	1.05000	295.71 r	-11.75	1,773.25

El martes 16 de junio, como les había comentado yo aguardo hasta día el martes, ven allí dos transacciones que dicen YOU BOUGHT, en la descripción, fueron los diecisiete contrato que compré ese día.

El 17 de junio vendí los contratos e inmediatamente que el mercado abre me depositan 1,773.25, menos los 295.71 que invertí, la ganancia neta fue de 1,477.54, estamos hablado de más del 450% de ganancia en solo 30 minutos que invertí, 25 minutos que ocupé comprando y 5 minutos en los que estuve vendiendo, esto en el mes lo hago aproximadamente tres veces con este instrumento SPY. Cabe destacar que existen muchos instrumentos financieros y cada uno tiene su forma y técnica para comprar y vender.

¿Por qué gane dinero con este Instrumento?

Como explicamos anteriormente en las opciones financieras existen dos instrumentos para ganar, lo mejor de conocer todos los instrumentos es que podemos ganar dinero si el mercado cae, y también podemos ganar dinero si el mercado sube, es decir en cualquier dirección ganamos dinero, solo bastaría identificar la tendencia y entrar en el momento indicado, y esta estrategia de los martes y los jueves ha sido algo que me ha funcionado y es lo que enseñamos en www.viajealexito.com.

Opciones Call: En la inversión que se hizo anteriormente se compró diecisiete opciones en CALL del SPY, lo que quiere decir que si compré CALL es porque mi análisis determinó que el SPY subiría de precio en los siguientes días, lo que precisamente ocurrió, por eso gané esa cantidad de dinero, entonces para resumir en términos sencillos, si el análisis determina que el activo subirá debemos comprar opcciones Call, para tomar ganancia de forma inmediata.

Opciones Put: Esto es el caso contrario de las opciones Call, en estas opciones simplemente ganamos dinero si el activo baja de precio, es lo más lindo que tiene el mercado de valores, no importa la dirección siempre vamos a ganar dinero y recuerda tu objetivo es ganar dinero. Entonces si tu analizas que algún activo bien sea, SPY, SPXL, Tesla, Microsoft, bajará de precio, entonces es hora de comprar algunos contratos en opciones Put, y ganarás todo el dinero deseado.

¿Cuándo es el Momento de Vender?

Aquí entran muchos factores en juego, ya que naturalmente todo dependerá de tu ambición, pero hay un dicho muy popular que dice: "La ambición rompe el saco", de tal manera que lo más sensato es tomar la ganancia justo cuando tu inversión se duplique, y hasta Jesús lo dice en la biblia:

Mateo 25:20 "Y llegando el que había recibido cinco talentos, trajo otros cinco talentos, diciendo: Señor, cinco talentos me entregaste; aquí tienes, he ganado otros cinco talentos sobre ellos."

Entonces vemos que la palabra de Dios nos enseña que es suficiente cuando doblamos el capital, es tiempo de tomar nuestra ganancia para que la ambición no nos descapitalice.

He visto personas ganar mucho dinero en Opciones Financieras, pero su ambición de multiplicarlo fue mayor y terminaron perdiéndolo todo para luego culpar al mercado, debemos entender que el mercado no tiene la culpa de nuestras acciones simplemente hace lo que nosotros le decimos que haga.

En el caso anterior donde gané el 450% es un evento que pasa cuando tu dejas el activo de un día para otro, es decir, yo compré el martes, y el miércoles los vendí justo al doble de lo que había invertido, recuerda que había invertido 295.71 y configuré para que se vendieran y me hicieran el depósito de 590 dólares.

La pregunta es... ¿Por qué me depositaron el 450%? La respuesta es que mi orden el mercado la vendió al precio más alto que encontró ya que en ese momento era la apertura del mismo, quiere decir que aunque se configuró para que se vendieran al doble, el mercado al abrir encontró un precio superior y me favoreció en ese momento, en www.viajealexito.com explicamos de manera más profunda esta situación.

A continuación mostrare algunos resultados de las inversiones en opciones:

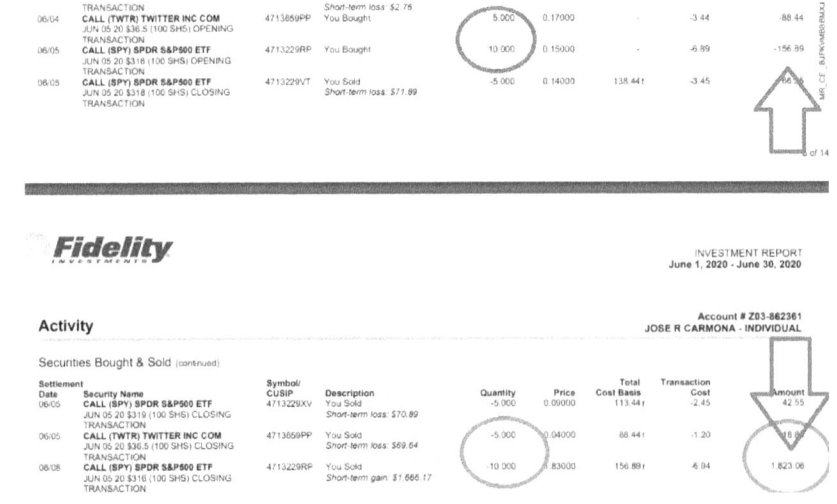

En este ejemplo vemos como el día jueves 04 de junio se compraron cinco contratos del SPY y justo antes de cerrar el mercado del jueves compré diez contratos más. Para un total de quince contratos.

El viernes 05 de junio 2020, se hizo la venta de los contratos, teniendo una ganancia de 1,823.06 dólares con solo una inversión de 230 dólares aproximadamente. ¡ESTO ES GANAR CON TU MENTE!

En este caso compré diez contratos de Facebook a las 11:04 am del 04 de Septiembre de 2019, a un precio de 0.239 cada contrato.

Ahora mira el momento en el que compré, me paré de la computadora tomé un café, y regresé, 30 minutos después, ya mi inversión se había doblado e inmediatamente la vendí, debemos respetar las reglas, así seamos conscientes de que el activo sigue subiendo, ya nuestra ganancia está segura en nuestra cuenta.

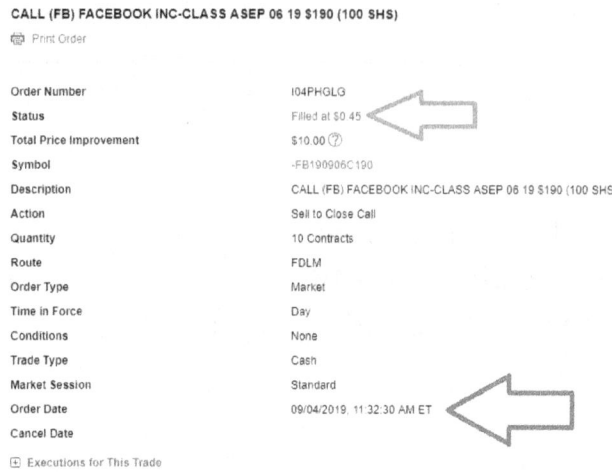

CALL (FB) FACEBOOK INC-CLASS A SEP 06 19 $190 (100 SHS)

Print Order

Order Number	I04PHGLG
Status	Filled at $0.45
Total Price Improvement	$10.00 ⑦
Symbol	-FB190906C190
Description	CALL (FB) FACEBOOK INC-CLASS A SEP 06 19 $190 (100 SHS)
Action	Sell to Close Call
Quantity	10 Contracts
Route	FDLM
Order Type	Market
Time in Force	Day
Conditions	None
Trade Type	Cash
Market Session	Standard
Order Date	09/04/2019, 11:32:30 AM ET
Cancel Date	

⊞ Executions for This Trade

Recuerda que cada contrato se compró en 0.23 y ahora cada contrato se vendió en 0.45.

Quiero demostrarte que esto lo hago yo con diferentes tipos de activos, y que en muchas ocasiones todo se hace en una misma semana, quiere decir que yo voy sumando ganancias con diferentes activos, esa misma semana del mes de septiembre del 2019 mira lo que hice con el Spy teniendo poco dinero.

Compré diez Contratos del SPY a un precio de 0.27 dólares el 09/05/2019. TOTAL, INVERSION: $281.83

YOU BOUGHT OPENING TRANSACTION -CALL (SPY) SPDR S&P500 ETF SEP 06 19 $296.5 (100 SHS) (Cash)

Symbol	-SPY 190906 C 296.5
Description	CALL (SPY) SPDR S&P500 ETF SEP 06 19 $296.5 (100 SHS)
Contracts	+ 10.000
Price	0.27
Amount	-$281.83
Commission	$11.45
Fees	$0.38
Settlement Date	09/05/2019

Luego al día siguiente 06 de septiembre que como dije anteriormente cayó viernes, comprobando así mi teoría de los jueves con los viernes en el mercado de valores.

Vendí los contratos a 1.42 cada uno depositándome una ganancia de 1,408.13 dólares. Con una inversión de 281.83 dólares. **TOMO MI GANANCIA Y ESPERO OTRA OPORTUNIDAD.**

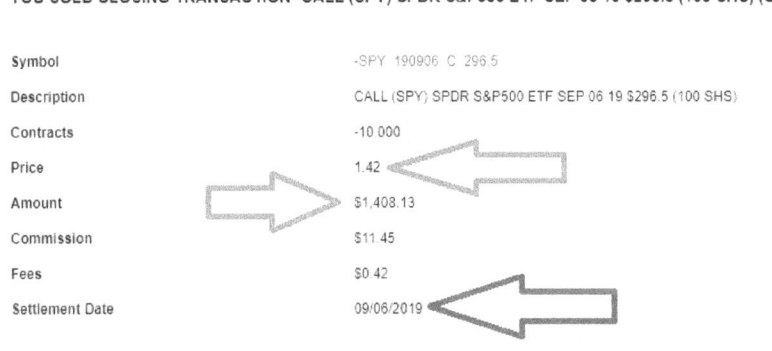

YOU SOLD CLOSING TRANSACTION -CALL (SPY) SPDR S&P500 ETF SEP 06 19 $296.5 (100 SHS) (Cash)

Symbol	-SPY 190906 C 296.5
Description	CALL (SPY) SPDR S&P500 ETF SEP 06 19 $296.5 (100 SHS)
Contracts	-10.000
Price	1.42
Amount	$1,408.13
Commission	$11.45
Fees	$0.42
Settlement Date	09/06/2019

NO ES NECESARIO MILES DE DÓLARES PARA GANANAR DINERO:

Queda demostrado que no necesitas mucho dinero para invertir en la bolsa de valores, lo que necesitas es conocer que instrumento financiero que vas a comprar, cuando lo debes comprar y cuando lo debes vender, con inversiones pequeñas hemos hecho hasta el 600% del capital en cuestión de segundos.

Tengas poco o mucho dinero, no importa igual vas a ganar, pero muchas personas solo piensan en ganar dinero de inmediato, te recomiendo que inviertas primero en conocimientos que te lleven al nivel de entender bien el funcionamiento de este sistema de ganancias, si te aventuras sin conocer tienes el 80% de probabilidad que perderás dinero, sin embargo el conocimiento te da poder y ese poder lo puedes adquirir en www.viajealexito.com

¿Por qué viaje al Exito?

Precisamente el éxito es un viaje, debemos tener varias escalas y tomar distintos aviones, muchas veces hasta debemos caminar por un desierto para llegar al éxito que deseamos, preparándonos este camino al éxito será un poco menos doloroso que si anduviéramos buscando el éxito sin ningún tipo de preparación, aquí existen principios para que cualquier persona con determinación pueda lograr el éxito personal, financiero y espiritual.

Reglas del Mercado de Valores:

- Si ya compraste y el precio sigue bajando, no te alarmes, si tu viste la estrategia solo tienes que esperar, levántate de la computadora y sigue tu vida. Esto no es para estar todo el día pegado viendo la computadora, yo no enseño Day trading, y de hecho eso no funciona, las estrategias se dan en el mes como unas diez veces, solo debes estar preparado para invertirle dinero y hacer en un día lo que te ganas en un año.

- Si el TRADE terminó y ya tienes ganancias y ves que la acción sigue subiendo, no debes volver a comprar, toma tu ganancia y espera la próxima oportunidad.

- Al tener una ganancia de más del 100% es suficiente para

salir y transferir tus ganancias a tu cuenta de banco.

- Siempre transfiere tus ganancias a tu cuenta de banco, esto te dará un estado mental de ganancia. Dejar el dinero en la cuenta de inversión para hacerla crecer no es inteligente. Yo siempre que gano transfiero inmediatamente lo que gané, y espero la siguiente oportunidad.

- Nunca inviertas en dinero real hasta que al menos tengas ganado más de cinco TRADE en dinero de papel o Paper Money, esto te dará la certeza que ya entiendes las estrategias y funcionan. Recuerda que tú eres un inversionista rentable en el tiempo no vas a ganar todos los TRADE, pero si debes ganar de cada cinco por lo menos tres.

- Nunca inviertas todo tu dinero en un solo TRADE, no importando que la estrategia se esté dando a la perfección, dejar la cuenta en cero no es inteligente.

- Los primeros TRADE reales que realices en el mercado deben ser cantidades pequeñas de no más de $50 hasta que tomes confianza en ti.

- Nunca pienses que el mercado está en tu contra, que cada vez que tu inviertes el mercado cae, tú eres el responsable de todos tus actos.

3.2. Ganando dinero en tiempos de Crisis

Eventualmente el mundo es sacudido por una crisis que golpea la economía, cada cierto tiempo los mercados regresan a un valor mínimo generado por alguna noticia y saber esperar para comprar en el mejor momento es clave para ganar dinero.

La sabiduría de la espera. Las personas que no saben esperar y toman decisiones apresuradas, compran cuando los precios están en un techo, si quieres ser inteligente al comprar, debes saber esperar. Evidentemente existen señales que nos dicen cuándo un mercado está por caer, el análisis técnico que tocamos en el capítulo pasado es fundamental para poder ver esos momentos. Las gráficas de un activo nos muestran la trayectoria en el tiempo y su variación de precio. Al momento de hacer un análisis, debemos tomar una brecha de tiempo suficientemente amplia para poder hacerlo de la mejor manera correcta. En el análisis técnico podemos tomar una gráfica donde cada vela representa un mes. (observa la figura)

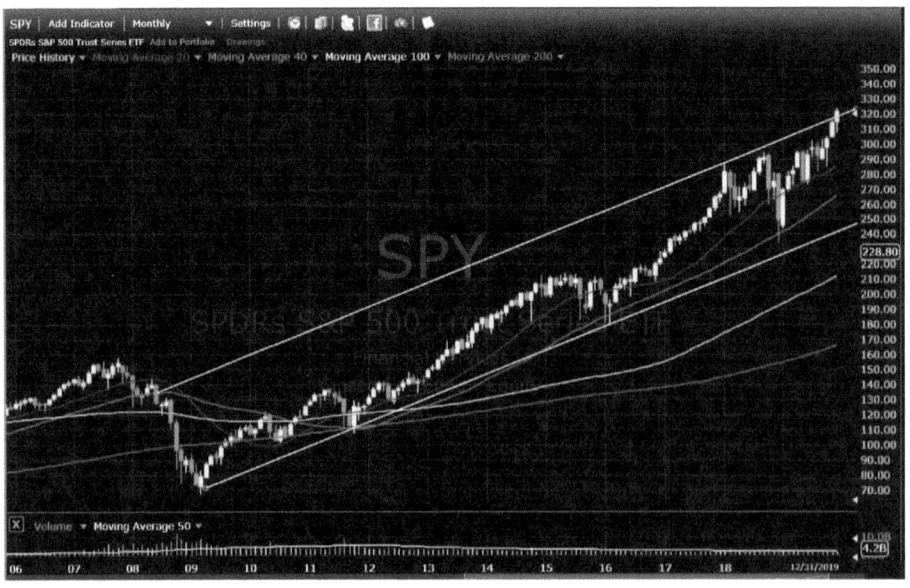

Cada vela representa un mes, aquí tenemos data desde el

2009 hasta el 2019, tiempo suficiente para poder ver que estamos en un mercado alcista por más de diez años, si observas la gráfica cada mes que los precios tocaron ese techo, nunca sobrepasó la línea al mes siguiente, sino que bajó o se mantuvo. No es inteligente comprar acciones ni propiedades en un mercado donde los precios están en su máximo nivel, simplemente debemos esperar una señal para poder ver claramente si los precios rompen el techo del canal o bajan al piso de ese canal.

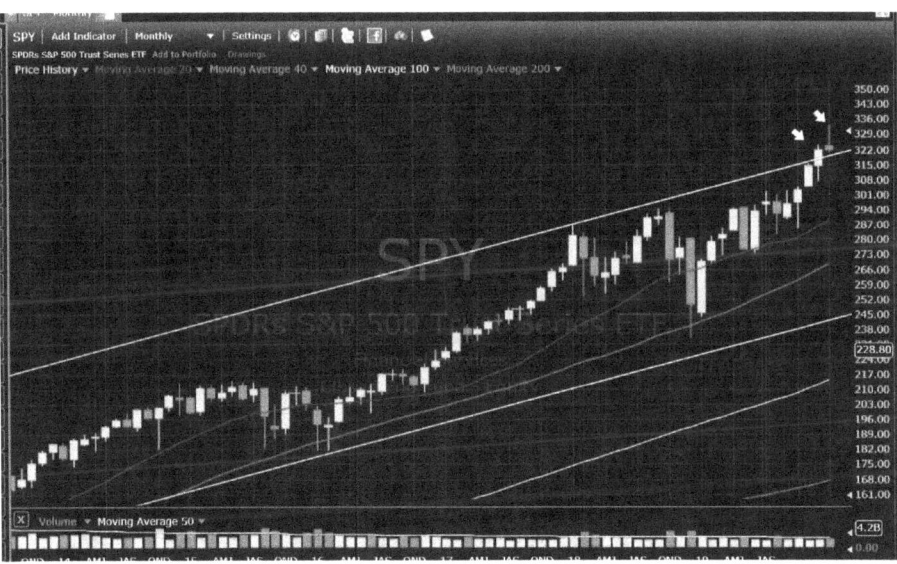

En febrero del año 2020 apareció la pandemia de Covid-19, siempre que el mercado está en su punto más alto, sale algo de esta magnitud para que caiga, pero antes de intensificarse la noticia del virus, en enero nos dio la primera señal que los precios ya no seguirían subiendo, sino todo lo contrario.

Recordemos que la crisis por el Coronavirus en los Estados Unidos, se intensificó a finales de febrero y principios marzo. Pero en enero las personas que estaban preparadas para ver cosas que otros no pueden ver, decidimos vender casas y activos para tener más dinero cash y poder comprar en los momentos de crisis. Mire a continuación la señal de la caída.

La flecha blanca en el cuadro anterior indica que el mes de diciembre cuando la economía estaba en el punto más alto, Donal Trump alardeaba de que gracias a él la economía había pasado a ser muy fuerte y estable.

Cuando culminó ese mes, esperé a que se terminara de formar la vela del mes de enero, en ese momento me encontraba en New York de vacaciones con mi familia, llegamos el 15 de enero a casa, y seguí esperando.

La flecha amarilla apunta a la vela del mes de enero, y como puedes ver es una vela roja y tipo martillo invertido, esta es una vela bajista. El 2 de febrero decido vender todas mis acciones y activos al precio más alto nunca antes visto.

Ahora mire lo que paso al mes siguiente:

La flecha morada apunta al mes de febrero, los precios cayeron muy fuerte y todavía continúan bajando.

En tiempos de crisis el rico se hace más rico y el pobre más pobre.

Esto es cierto, la riqueza está en tu mente, es inteligente invertir dinero en valiosos conocimientos ya que estos te llevarán a otro nivel para conocer situaciones que solo un grupo selecto de personas entrenadas y capacitadas pueden ver para tomar decisiones, salir del ciclo de pobreza, ver esta señal del mercado, capitalizar vendiendo todo y esperar el mejor momento para volver a comprar.

Esta situación se repite en la vida con cada decisión que tomamos, para determinar el tiempo perfecto de entrar en un negocio es necesario conocer bien la rama del negocio y estudiar su desempeño en el tiempo, analizar el mercado y hacer un estudio de mercadotecnia si fuera el caso que tu negocio sea un lugar físico.

Nuevos ricos.

En los tiempos de crisis casi siempre nacen los nuevos ricos, son aquellas personas que por mucho tiempo se prepararon invirtieron dinero en conocimientos y cuando llegó la oportunidad entraron al negocio. Al pasar la crisis y todo regresan a la normalidad, estas personas serán ricos o estarán en otro nivel económico porque vieron el ciclo del mercado.

Las oportunidades pasan por la vida de todos por igual, pero solo algunos están preparados para tomarlas, el entrenamiento te prepara para tomar la oportunidad cuando se presenta y tienes solo dos opciones, o la tomas o la dejas pasar. Para casi 360 millones de estadounidenses, pasó la oportunidad de vender sus activos en el punto más alto y comprarlo en el punto más bajo, pero simplemente no vieron esta oportunidad y la razón fue porque no estaban preparados. La oportunidad siempre está allí, pero pocos saben aprovecharla.

Decide hoy en cambiar y convertir tu oportunidad en una realidad. Tú tienes la decisión de salir de allí, de ese mundo donde estás trabajando 8 horas diarias, sin vivir la vida que sueñas y haciendo rico a otras personas, decide hoy de salir de la ecuación del fracaso que no te deja ser feliz.

Transforma la crisis en una oportunidad.

Suena mal, lo sé, pero sino lo haces tú, otra persona lo hará, así que decide qué hacer. Estamos en un mundo económicamente salvaje y debemos estar abiertos a las oportunidades y situaciones que podemos aprovechar para hacer dinero de alguna forma.

Las crisis son oportunidades y cada persona toma la decisión de convertirlas en bendiciones o no. Cuando llegó la crisis a Egipto en los tiempos de José, el hijo de Jacob, mucha gente no estaba preparada para esa crisis y fue una gran maldición para sus vidas, sin embargo, vemos a José que estuvo preparándose durante siete años, acumulando riquezas e invirtiendo y cuando llegó el momento José hizo más poderoso a Egipto.

En la crisis financiera del 2007 al 2010, observamos cómo

muchas personas perdieron activos importantes porque el sustento de ellos estaba basado en sus empleos y cuando este faltó, los activos no pudieron ser pagados, en consecuencia muchos perdieron sus hogares. Pero del otro lado estaban las personas que se prepararon para enfrentar una crisis y compraron muchas de esas propiedades a precios de remate.

¿Ves cómo puedes aprovechar y transformar una crisis en una oportunidad si te preparas para ello?

Tú decides de qué lado quieres estar en los momentos de crisis: de los que lloran o de los vendedores de pañuelos.

Esto se construye con decisiones, acciones en el presente invirtiendo tiempo y dinero en nuestra educación financiera. De esta manera podremos conocer cómo funciona el dinero y analizar los momentos en la historia cuando el dinero ha cambiado de manos para identificar esos momentos perfectos y sacar ventaja. No siempre el dinero está en manos de los ricos, cada cierto tiempo esto va cambiando y debes estar preparado para que estas manos sean las tuyas.

"Porque al hombre que le agrada, Dios le da sabiduría, ciencia y gozo; **más al pecador da el trabajo de recoger y amontonar, para darlo al que agrada a Dios.** También esto es vanidad y aflicción de espíritu".

Eclesiastés 2:26

3.3. Ganando dinero en Google Adsense.

Existe otra forma de generar ingresos pasivos que son de suma importancia para lograr la libertad financiera. Una de ellas es generando contenido de calidad y propio a través de blogs o páginas webs informativas de algún tema que a ti te agrade.

Estoy completamente seguro que muchas personas que lean este libro, tendrán algún don que quieran transmitir. Hoy en día, le puedes sacar provecho a esos dones a través de **Google Adsense**, es una herramienta de Google que te permite crear contenido original y de esa manera generar ingresos por personas que lean tu contenido.

Debemos abrir una cuenta **en Google Adsense**, para lograr esto primero debemos cumplir una serie de requisitos que están en mi web, si quieres profundizar más acerca de este tema, te invito a que visites www.palmarmediaestudio.com, para que observes cómo muchos de nuestros alumnos han logrado monetizar contenido en Google.

¿Por qué Google les paga a los creadores de contenido? Una vez creas el contenido de interés para algún grupo de lectores, Google va a colocar publicidad en tu página, entrará en ella y te pagará por arrastrar a lectores de interés específico en algún tema.

Para lograr esto se deben cumplir una serie de pasos que describiremos de forma general a continuación:

1. Crear una página Web, algo muy básico que hable de lo que tienes en mente.

2. Posicionar esta página en los primeros lugares de Google para atraer a lectores de interés.

3. Aperturar la cuenta de Google Adsense.

4. Crear una cuenta de Paypal para aceptar pagos en dólares.

5. Enlazar tu cuenta de Paypal con tu cuenta de Adsense para recibir tus recompensas.

Si tu campo es la creación de contenido, visita www.palmarmediaestudio.com, allí descubrirás todo este maravilloso mundo de la creación de contenido en internet.

3.4. Gana dinero en el Mercado de Afiliados

¿Qué es el Mercado de Afiliados? en inglés se conoce como **"Affiliate Marketing Program"** esto es algo muy sencillo y casi todas las grandes corporaciones como **Amazon, Ebay, Walmart, Costco** entre otras más, actualmente tienen habilitado este programa como forma de trabajo para que tú te registres y crees un código de afiliados de forma gratuita. Ellos te darán un código donde serás el vendedor virtual de todos sus productos y ellos te pagarán aproximadamente el 10% por cada venta que realices con tu código de afiliados.

Estamos hablando de la mejor forma de vender en internet, no necesitas tener capital, ni comprar un inventario, tu objetivo es identificar cuáles productos se venden más en el mercado y crear un catálogo digital para enlazarlo a tu código de afiliados.

En el momento que una persona haga clic sobre un producto de tu catálogo digital, se crea la maravilla del mercado de afiliados. Aunque esa persona no compre en el momento, su computador o celular guardará por treinta días tu código de afiliado y dentro de ese lapso de tiempo compre lo que compre, recibirás el 10% de cada venta.

Lo primero que hago es realizar un análisis de productos que tengan primera necesidad de compra, los enlazo a un blog el cual puede ser al mismo de la cuenta de **Google Adsense** que he creado anteriormente.

Un ejemplo sería si tuviera un blog que hablara sobre la instalación de televisores, y mi contenido describe de las ventajas o desventajas de instalar un tv en la pared, al mismo tiempo **Google Adsense** me paga por ese contenido y a esa página web le creo un botón que diga televisores recomendados, cuando alguien se interese por mi contenido entrará a mis recomendaciones y verá una serie de televisores que estoy vendiendo pero que no tengo en inventario, porque solo estoy afiliado a una tienda que tiene toda esa mercancía. Cuando este lector compre ese televisor, será esa misma tienda la que envíe el producto al lector y ellos se encargarán de cualquier problema de garantía relacionado con esta compra, y por si fuera poco durante treinta días todo lo que este lector compre, estará enlazado a mi código de afiliados.

3.5. Gana dinero creando un producto digital.

Existen muchas personas que tienen talentos los cuales pueden enseñar a otros y generar ingresos por estos conocimientos transmitidos, la creación de un producto digital es la manera de generar dinero sin tener un producto físico que necesita almacenamiento y capital de inversión. Al crear un producto digital, lo puedes vender cuantas veces sea necesario.

Si tu área es la gastronomía, puedes dictar clases online, si lo tuyo es la tecnología y reparaciones de celulares, puedes dar una clase de cómo reparar algún problema en el celular, estoy seguro que, si esquematizas de manera correcta tus ideas y después le das un toque de profesionalismo, puedes hacer mucho dinero vendiendo tu talento digital y formando a otras personas en el mundo entero transfiriendo ese conocimiento.

¿Cuántas personas hay en el mundo? ¡Billones!... Y ¿Cuántas personas de habla hispana hay? Muchas, contabilicemos un ejemplo de esos billones de personas:

Veinte mil personas de habla hispana compran tu curso digital en todo el mundo, y si ese curso tú lo vendes en 45 dólares, estaríamos hablando de una ganancia de 900 mil dólares sin invertir en productos físicos, solo creaste un producto digital que perdurará en el tiempo.

Supongamos que ya tienes el tema que quieres desarrollar en tu curso digital, debes hacer un guion y esquematizar las ideas que vas a transmitir y luego que esto esté listo, buscas los recursos digitales para grabar dicho curso y empezar. Te daré algunos pasos importantes que debes tomar en cuenta si quieres crear un producto digital. En mi caso, mi producto fue creado por www.palmarmediaestudio.com, una empresa que se dedica a la realización de ideas digitales y lanzamientos a través de la web.

Pasos necesarios a considerar:

1. Crear un guión de todo el contenido.

2. Buscar una cámara de video con una resolución de 1080

HD mínimo.

3. Separar el audio del video para un mejor sonido de tus clases.

4. Comprar un servidor de Streaming para alojar tus clases.

5. Crear un Landig Page donde almacenarás la base de datos de tus alumnos.

6. Crear accesos con usuarios y claves para cada alumno.

Después de crear tu portal de contenido, debes contratar un servidor de Streaming para alojar tus videos de forma profesional. Estos videos estarán protegidos con derechos de autor y por contraseñas para que tus alumnos entren con un usuario y clave para acceder al portal y de esta forma puedan ver las clases, tener un feed back contigo y no pasen al de otras personas.

3.6. Ganando dinero en Redes Sociales

No cabe duda de que ganar dinero con las redes sociales es uno de los métodos para generar ingresos online con más auge de la actualidad. La importancia que han adquirido redes como Facebook, YouTube, Instagram, Pinterest o Twitter es brutal.

Hay millones de usuarios registrados compartiendo todo tipo de contenido a cada segundo y esto provoca que se mueva mucho dinero en publicidad.

Los anunciantes saben de la importancia de las redes sociales y están dispuestos a pagarte (a veces mucho dinero) para que promociones sus productos o servicios con tus contactos, seguidores y amigos. Como norma general, esto lo hacen a través de diversas plataformas gestionadas por terceros.

El funcionamiento de las mismas no puede ser más sencillo. Una vez registrado, simplemente tendrás que darle al famoso "Me gusta" en Facebook o Youtube, "Seguir" en Twitter, "Like" en las historias de Instagram, etcétera.

Cada vez que hagas esto, recibirás una recompensa en forma de euros o dólares o en ocasiones mediante una moneda virtual que luego podrás canjear por dinero real. Cuando llegues al mínimo de pago establecido por cada página, simplemente tendrás que retirarlo a tu cuenta de PayPal o a tu banco habitual.

Lo mejor de todo, es que todo este tipo de sitios son completamente gratuitos y cualquier persona puede sacarle partido.

Crea tu perfil en las redes sociales:

Si tu objetivo es ganar dinero con las redes sociales, es evidente que el primer paso a realizar es disponer de un perfil en las más importantes. Recuerda que los anunciantes (o sea el dinero), se mueve allí donde esté el mayor número de personas interactuando.

En mi opinión, las redes sociales donde hay que tener un perfil creado sí o sí son las siguientes:

- **Facebook:** Aunque personalmente no me gusta demasiado, sigue siendo la red social más importante y la que más tráfico mueve. Las empresas siguen gastando allí millones de euros en publicidad.

• **Twitter:** Mi preferida. Con el aumento a 280 caracteres por tuit, se ha convertido en la mejor herramienta de promoción para tu blog, enlaces de afiliación, campañas, etcétera.

• **Instagram:** Otra que personalmente no utilizo demasiado pero que tiene un potencial enorme. Su crecimiento es exponencial año tras año y hay que estar presente para sacar tajada.

• **Youtube:** Aunque no se le conoce como una red social en si (sino como a una plataforma de vídeos), es sin duda la mejor herramienta de promoción a nivel social que existe.

Optimización de los perfiles sociales:

Una vez creados tus perfiles en las redes sociales más importantes, es fundamental optimizarlos y darles un toque personal. Recuerda que la imagen es muy importante y por eso mismo debes trabajar un poco en ella. Tampoco es que tengas que invertir demasiado tiempo, pero al menos deberías tener una buena descripción sobre ti, tus objetivos e intereses, lo que ofreces, etcétera. Una buena foto de portada y un email de contacto también son importantes.

El objetivo principal es ganar dinero online y para ello, tienes que aumentar tu visibilidad y reputación en la red.

Mejores páginas para ganar dinero con redes sociales:

Una vez tengas tus perfiles creados, optimizados y éstos tengan una cierta visibilidad (al menos 100 seguidores, varias publicaciones y un mes de antigüedad), será el momento de registrarse en las páginas que te permitirán ganar dinero con redes sociales de forma fácil y gratuita. Son las siguientes:

• **Fanslave:** Buena página para ganar dinero con las redes sociales como Facebook, Twitter, YouTube e Instagram. Mínimo de pago de 15€. Posibilidad de cobrar a través de Payeer, Bitcoin y transferencia bancaria.

• **SocialPubli:** Página bastante interesante para ganar dinero con tus redes sociales. Anunciantes e influencers se unen para sacar provecho mutuo. Mínimo de pago de 50€ por Paypal. En ocasiones hay campañas incluso para monetizar conversaciones por Whatsapp.

• **Twync:** Plataforma muy sencilla pero eficaz que paga por compartir publicidad en tus redes sociales. Mínimo de pago de 50€. Se cobra a través de PayPal.

• **Coobis:** Excelente plataforma de marketing de contenidos. Si te registras como editor, podrás monetizar tanto tu blog como tus redes sociales. No tiene mínimo de retiro y paga a través de PayPal y transferencia bancaria.

• **Publisuites:** Una de las mejores plataformas de marketing online disponibles en España. Además de ganar dinero con nuestras redes sociales, se pueden conseguir ingresos como redactor. Muy útil también para mejorar el SEO de nuestros proyectos y aumentar su autoridad. Pagos a partir de 5€ por PayPal.

• **VkTarget:** Con casi 10 años a sus espaldas, esta popular plataforma de origen ruso se ha convertido en uno de los sitios más fiables para obtener pequeños ingresos a través de diversas redes sociales. Dispone de un bot para Telegram con el que es muy fácil realizar las diferentes tareas desde cualquier lugar.

Conclusión

Hay una parábola muy famosa de Jesús que muchas biblias llaman la parábola de los talentos. Allí Jesús ilustra a un hombre que antes de irse de viaje llamó a sus siervos, a uno le dio 5 talentos, a otro le dio 2 y a el último le dio 1.

Pasado un largo tiempo, aquel hombre regresó y llamó a sus tres siervos para pedirles cuentas del dinero que les había dado, llamó primero al que tenía 5 talentos y le preguntó, que hiciste con los 5 talentos, el primer siervo respondió: "Me distes 5, con eso yo negocié y gané otros 5 talentos" el hombre se puso muy feliz y le dijo: ¡Excelente! buen siervo, en lo poco fuiste fiel en lo mucho te pondré. Llamando al segundo siervo le preguntó lo mismo, el segundo respondió: "me distes 2 talentos, fui, negocié y gané 2 más, el hombre respondió: Buen siervo fiel, en lo poco fuiste fiel en lo mucho te pondré.

Llamó al último siervo para hacerle la misma pregunta, a lo que este siervo respondió: "Tuve miedo y escondí el talento, porque temí perderlo, así como me lo entregaste te lo regreso." El hombre muy enojado le dijo: ¡Siervo malo y negligente!, ¿Por qué no multiplicaste este talento como el resto de tus hermanos?, quitadle el talento y dáselo al que tiene 10 talentos.

Aquí es cuando Jesús revela su verdadero carácter capitalista y no socialista como muchos libros lo hacen ver, si Jesús hubiera sido socialista, se hubiera compadecido del último siervo y le hubiera quitado talentos al que tenía 10 talentos para dárselos al último siervo que tuvo miedo de invertir el dinero, sin embargo Jesús hace lo contrario y dice: **"AL QUE TIENE SE LE DARÁ PARA QUE TENGA MÁS, Y AL QUE NO TIENE, AUN LO QUE TIENE LE SERÁ QUITADO."**

Palabras que retumban en mi mente cada vez que leo este pasaje en la biblia, y así mismo se mueven las finanzas en el mundo entero, por eso usted siempre verá al rico cada vez más rico y al pobre cada vez más pobre, la razón es la que explica Jesús en este versículo, MIEDO, pero ¿Miedo de qué? miedo de prepararse, de aprender cosas nuevas, de atreverse y hacer algo diferente.

Usted verá a personas perversas siendo cada vez más ricas y personas honestas siendo cada vez más pobres, la razón es porque simplemente el dinero es una ley como la ley de la atracción, el dinero se pega al lado de quien cumple sus leyes. No importa si su corazón es bueno o malo.

Glosario de Términos Básicos

Acciones:

Una acción en el mercado financiero es un título emitido por una Sociedad Anónima o Sociedad Comanditaria que representa el valor de una de las fracciones iguales en el que se divide su capital social. Las acciones generalmente confieren a su titular (llamado accionista) derechos, como el de voto en la junta de accionistas de la entidad y económicos y participar en los beneficios de la empresa. Normalmente las acciones son transmisibles sin ninguna restricción; es decir, libremente.

Opciones:

Las opciones financieras son instrumentos financieros que otorgan al comprador el derecho y al vendedor la obligación de realizar la transacción a un precio fijado y en una fecha determinada. Es ampliamente utilizada por los brokers para obtener cobertura de sus inversiones.

• _Prima:_ comisión que paga el comprador de la opción.

• _Option call:_ es el derecho a comprar un activo subyacente a un precio determinado en un momento definido en el futuro.

• _Option put_: es el derecho a vender un activo subyacente a un precio determinado en un momento definido en el futuro.

• **_Strike:_** precio determinado de la operación de compra o venta de la opción.

Forward:

Un contrato forward no es más que el compromiso entre dos partes de comprar o vender un activo a un precio fijado en una fecha determinada, es decir, es un instrumento financiero derivado dado que su existencia depende directamente del valor de otro activo.

Bonos:

Es un instrumento de deuda que emite una empresa o administración pública para financiarse. El emisor de un bono promete devolver el dinero prestado al comprador de ese bono, normalmente más unos intereses fijados previamente, conocidos como cupón. Por eso se conoce como instrumento de renta fija.

Activos:

Un activo es un recurso con valor que alguien posee con la intención de que genere un beneficio futuro (sea económico o no). En contabilidad, representa todos los bienes y derechos de una empresa, adquiridos en el pasado y con los que esperan obtener beneficios futuros.

Pasivo:
El pasivo, desde el punto de vista contable, representa las

deudas y obligaciones con las que una empresa financia su actividad y le sirve para pagar su activo. También se conoce con el nombre de estructura financiera, capital financiero, origen de los recursos y fuente de financiación ajena.

Ingresos Pasivos:

Los ingresos pasivos son aquellos que se obtienen sin tener que vigilar, atender o mantener constantemente el recurso (el activo) que lo genera, de ahí su denominación de pasivo.

Bróker:

Es un individuo o institución que organiza las transacciones entre un comprador y un vendedor en ciertos sectores a cambio de una comisión cuando se ejecute la operación. Es decir, es el agente que actúa como corredor o intermediario.

Futuros:

Un contrato de futuros es un contrato o acuerdo que obliga a las partes contratantes a comprar o vender un número determinado de bienes o valores en una fecha futura y determinada, y con un precio establecido de antemano.

Trading:

En los mercados de valores, el trading es la especulación sobre instrumentos financieros con el objetivo de obtener un beneficio. El trading se basa principalmente en el análisis técnico, el análisis fundamental y la aplicación de una estrategia concreta para operar.

Marketing de afiliación:

Marketing de afiliación es una rama del marketing en línea que se basa en la consecución de determinados resultados o acciones. Los afiliados se encargan de publicitar a los comerciantes mediante la publicación de sus anuncios o promociones.

Google Adsense:

Google AdSense es, junto con Google Ads, uno de los productos de la red de publicidad en línea de Google. Básicamente, permite a los editores obtener ingresos mediante la colocación de anuncios en sus sitios web, ya sean de texto, gráficos o publicidad interactiva avanzada.

Bibliografia

ACCIONES: WIKIPEDIA

OPCCIONES: BBVA

FORWARD: https://www.sabermassermas.com/

BONOS: https://www.sabermassermas.com/

aCTIVOS: https://economipedia.com/

PASIVOS: https://economipedia.com/

INGRESOS PASIVOS: https://hablemosdeempresas.com/

BROKER: WIKIPEDIA

FUTUROS: WIKIPEDIA

TRADING: WIKIPEDIA

MARKETING DE AFILIACION: WIKIPEDIA

GOOGLE ADSENSE: WIKIPEDIA

www.ingramcontent.com/pod-product-compliance
Lightning Source LLC
Chambersburg PA
CBHW052334220526
45472CB00001B/425